中医药海外发展国别研究

非洲卷

主　编——宋欣阳
主　审——王笑频

上海科学技术出版社

图书在版编目（CIP）数据

中医药海外发展国别研究. 非洲卷 / 宋欣阳主编.
上海：上海科学技术出版社，2025.1. -- ISBN 978-7
-5478-6671-9
Ⅰ. F426.77
中国国家版本馆CIP数据核字第20242ND166号

本书受国家中医药管理局国际合作专项、上海文化发展基金会图书出版专项基金资助出版

中医药海外发展国别研究·非洲卷
主编　宋欣阳

上海世纪出版（集团）有限公司
上海科学技术出版社　出版、发行
（上海市闵行区号景路159弄A座9F-10F）
邮政编码 201101　　www.sstp.cn
上海颛辉印刷厂有限公司印刷
开本 787×1092　1/16　印张 12.5
字数 200 千字
2025 年 1 月第 1 版　2025 年 1 月第 1 次印刷
ISBN 978-7-5478-6671-9/R·3036
定价：128.00 元

本书如有缺页、错装或坏损等严重质量问题，请向印刷厂联系调换

内容提要

中医药海外发展涉及中医药法律与政策环境、中医药服务贸易市场机遇与风险等方面。加强中医药海外发展，不仅有利于传播中医药文化，提高中国的国际影响力和号召力，还可以促进中医药产业的优化，解决国内就业问题，从而带动经济的增长。

本书对纳米比亚共和国、肯尼亚共和国、博茨瓦纳共和国、刚果民主共和国等 10 个非洲国家的中医药创新发展方式进行了多角度分析。了解他国传统医学概况，熟悉他国传统医学国际化的途径，借鉴他国传统医学布局与管理模式，可以为我所用，有利于中医药国际化发展。本书选取了既具有良好服务贸易基础，又在一定程度上接受中医药的非洲国家展开国别研究，研究内容主要包括该国基本国情、医疗健康保障体系现状、传统医药的法律与政策环境、中医药服务贸易双边合作现状、市场机遇与潜力、风险提示、案例分析、结论与建议，以期为我国中医药服务贸易打开更广阔的窗口。

本书可供中医药政策研究者、政府工作人员、中医临床与科研工作者、中医院校师生参考阅读。

编委会名单

顾问

严世芸　徐建光　施建蓉

主审

王笑频

主编

宋欣阳

副主编

黄祎晨　彭依宁

编委(按姓氏笔画排序)

王蓓蕾　卞跃峰　尹相宜　田嘉禾　朱嘉辰　孙妤璇　严夏继
杨洁如　张昕玥　张海涵　邵译锋　郑　芬　赵锦瑞　胡玮晔
袁少杰　顾云骁　郭诗颖　曹　蕤　曹博莹　谭　丽

丛书前言

当前,中医药振兴发展迎来了天时、地利、人和的历史性机遇,中医药对外交流与合作已成为我国外交、经贸、科教、文化特别是卫生事业发展中富有特色、不可或缺的重要组成部分。中医药海外发展,包括中医药文化输出、开展政府或非营利组织主导的海外合作项目、开办海外中医诊所与教育机构等方面。加强中医药海外发展,不仅有助于调整国内中医药行业的产业结构,促进中医药产业的优化,解决国内就业问题,从而带动经济的增长,还有利于传播中医药文化,提高中国的国际影响力和号召力。

2016年12月,国家中医药管理局、国家发展改革委员会联合印发的《中医药"一带一路"发展规划(2016—2020)》(以下简称《规划》)提出了中医药海外发展"政策沟通、资源互通、民心相通、科技联通、贸易畅通"的五大任务。为进一步落实《规划》内容,破解长期制约中医药海外发展实施中遇到的理论和实践问题,本套丛书作者受国家中医药管理局国际合作司委托,根据工作实际和专项研究成果编撰整理,总结成书。本套丛书亦是国家中医药管理局中医药国际合作专项"中医药海外发展战略研究"的重要研究成果。

本套丛书分为四卷,分别为亚洲卷、欧洲卷、美洲卷、非洲卷,编写注重数据收集与整理分析。丛书从八个方面对中医药的国别发展进行研究:一是所在国政治与经济环境,从基本国情、政治环境和经济环境方面进行论述;二是所在国医疗健康保障体系现状,从医疗体系的基本情况、医疗管理机构、医疗机构和医疗社会保障情况方面介绍;三是所在国传统医药的法律与政策环境,从医师执业、药品准入、传统医药教育、保险覆盖和医药投资方面进行释读;四是中医药服务贸易双边合作现状,从传统医药交流历程,中医药服务贸易的四种形式(境外消费、跨境交付、商业存在和自然人流动),以及大事记等方面叙述中医药在所在国的发展情况;五是中医药在所在国的市场机遇与潜力;六是中医药在所在国发展的风险提示;七是案例分析;八是中医药在所在国发展的结论与建议。在部分章节后,有所在国的法律法规原文作为附件。

本套丛书对中医药在不同国家的海外发展进行了全面分析。在中医药海外发展过程中,服务业走出去是重点,也是未来的增长点。中医药服务贸易的创新发展是国际服务贸易与海外投资的有机结合,是推进供给侧结构性改革和培育新功能的重要抓手,也是大众创业、万众创新的重要载体。本套丛书研究侧重于剖析不同国家的政治与经济环境、医疗健康保障体系现状、传统医药的法律与政策环境、中医药服务贸易双边合作现状、市场机遇与潜力、针对企业的风险提示等方面,意在探索中医药海外发展模式,对中医药服务贸易推动出口、带动就业、实现外贸,从"大进大出"向"优进优出"转变提供一定参考路径方法。

本套丛书重点研究以下几个方面:① 境外消费。一是与中医药相关的教育服务,如外国居民到中国中医药院校,或者其他中医药教育机构学习与中医药相关的知识及技能;二是与中医药相关的旅游及其服务,如到中国进行康复保健休闲旅游和就医;三是与中医药相关的文化、娱乐、影视及体育服务等。② 跨境交付。与中医药相关的商务服务、远程教育、远程诊疗服务和养生保健国际咨询服务等。③ 商业存在。与中医药相关的中国医疗机构或个人到境外开办中医诊所、中医医疗中心、中医医院等。④ 自然人流动。如中国的中医师或教师受聘于海外医疗机构从事临床美容、保健,或教育机构从事教育、科研等服务。

中医药海外发展正面临着日益复杂的国际形势和其他传统医药的激烈竞争。逆水行舟,不进则退。本套丛书积极探索创新型的中医药海外发展模式,对中医药产业发展商业模式提出建议,即优化中医药商业模式、丰富中医药业态、因地制宜优化合作模式。力求中医药海外发展不囿于单一的医疗体验,而是更加的多元、复合,并且具有更好的环境适应性和发展潜力,助力中医药海外发展。

本套丛书的适用对象是与中医药海外发展相关的管理、医疗、卫生、科研、产业等领域的从业者,希望能为他们提供有益的参考和帮助。当然,本套丛书可能尚存在一些不甚成熟之处,欢迎批评指正。

编　者

2019 年 4 月

目 录

第一章 纳米比亚共和国 —— 1

一、政治与经济环境 —— 2
（一）基本国情 —— 2
（二）政治环境 —— 2
（三）经济环境 —— 3

二、医疗健康保障体系现状 —— 5
（一）基本情况 —— 5
（二）医疗管理机构 —— 6
（三）医疗机构 —— 6
（四）医疗社会保障情况 —— 6

三、传统医药的法律与政策环境 —— 7
（一）医师执业 —— 7
（二）药品准入 —— 7
（三）传统医药教育 —— 8
（四）保险覆盖 —— 8

四、中医药服务贸易双边合作现状 —— 9
（一）传统医药交流历程 —— 9
（二）境外消费 —— 9
（三）跨境交付 —— 9
（四）商业存在 —— 10
（五）自然人流动 —— 10

五、市场机遇与潜力 —— 11
(一) 良好的政治基础 —— 11
(二) 投资市场可观 —— 11
(三) 中医药文化备受青睐 —— 11

六、风险提示 —— 12
(一) 市场空间狭小 —— 12
(二) 成本预估复杂 —— 12
(三) 劳动力素质较低 —— 12

七、案例分析 —— 13
(一) 卡图图拉医院 —— 13
(二) 职业教育合作 —— 13
(三) 纳米比亚竞争委员会叫停中国水泥公司收购项目 —— 14

八、结论与建议 —— 14
(一) 行医时考虑当地习俗 —— 14
(二) 积极发展中医药市场 —— 15
(三) 完善企业管理,促进产业发展 —— 15

第二章 肯尼亚共和国 —— 17

一、政治与经济环境 —— 18
(一) 基本国情 —— 18
(二) 政治环境 —— 18
(三) 经济环境 —— 19

二、医疗健康保障体系现状 —— 21
(一) 基本情况 —— 21
(二) 医疗管理机构 —— 22
(三) 医疗机构 —— 22
(四) 医疗社会保障情况 —— 23

三、传统医药的法律与政策环境 —— 24
(一) 医师执业 —— 24
(二) 药品准入 —— 24

（三）传统医药教育 —— 25
　　（四）保险覆盖 —— 25
　　（五）医药投资 —— 25

四、中医药服务贸易双边合作现状 —— 26
　　（一）传统医药交流历程 —— 26
　　（二）境外消费 —— 26
　　（三）跨境交付 —— 26
　　（四）商业存在 —— 27
　　（五）自然人流动 —— 27

五、市场机遇与潜力 —— 28
　　（一）传统医药价格优势明显 —— 28
　　（二）本土草本药物丰富 —— 28
　　（三）中医药发展社会环境较好 —— 28
　　（四）中肯经贸合作前景广阔 —— 29

六、风险提示 —— 29
　　（一）安全问题 —— 29
　　（二）医疗环境恶劣 —— 29
　　（三）医疗改革失败,传统医药法律框架不完善 —— 30

七、案例分析 —— 30
　　（一）肯尼亚的"东方医馆" —— 30
　　（二）卡通都医院 —— 31
　　（三）肯雅塔大学教学转诊和研究医院 —— 32

八、结论与建议 —— 32
　　（一）增设中医药海外中心 —— 32
　　（二）克服中医药企业现有挑战 —— 33

第三章　博茨瓦纳共和国 —— 35

一、政治与经济环境 —— 36
　　（一）基本国情 —— 36
　　（二）政治环境 —— 36

（三）经济环境 —— 38

二、医疗健康保障体系 —— 40
　　（一）基本情况 —— 40
　　（二）医疗管理机构 —— 40
　　（三）医疗机构 —— 41
　　（四）医疗社会保障情况 —— 41

三、传统医药的法律与政策环境 —— 42
　　（一）医师执业 —— 42
　　（二）药品准入 —— 42
　　（三）传统医药教育 —— 42
　　（四）保险覆盖 —— 43
　　（五）医药投资 —— 43

四、中医药服务贸易双边合作现状 —— 44
　　（一）传统医药交流历程 —— 44
　　（二）境外消费 —— 44
　　（三）跨境交付 —— 45
　　（四）商业存在 —— 45
　　（五）自然人流动 —— 45

五、市场机遇与潜力 —— 46
　　（一）中医药在博资源丰富 —— 46
　　（二）中医药为博提供便利 —— 46
　　（三）中博自贸协定前景广阔 —— 46
　　（四）创造中医药国际合作的新局面 —— 47

六、风险提示 —— 47
　　（一）医疗条件落后 —— 47
　　（二）中医药教育体系不完善 —— 47
　　（三）周边战争风险 —— 48

七、案例分析 —— 48
　　（一）"中医关怀计划"服务博茨瓦纳华侨华人 —— 48
　　（二）Sidilega 私立医院 —— 48

八、结论与建议 —— 49
（一）促进中国传统医药及中医适宜技术在博初级保健诊所成为
"常驻嘉宾" —— 49
（二）设立高水平中医药人才教育专项工作组 —— 49
（三）开展实地调查，促进中药产业发展 —— 50

第四章 刚果民主共和国 —— 53

一、政治与经济环境 —— 54
（一）基本国情 —— 54
（二）政治环境 —— 54
（三）经济环境 —— 56

二、医疗健康保障体系现状 —— 58
（一）基本情况 —— 58
（二）医疗管理机构 —— 58
（三）医疗机构 —— 59
（四）医疗社会保障情况 —— 59

三、传统医药的法律与政策环境 —— 60
（一）医师执业 —— 60
（二）药品准入 —— 60
（三）传统医药教育 —— 60
（四）保险覆盖 —— 61
（五）医药投资 —— 61

四、中医药服务贸易双边合作现状 —— 61
（一）传统医药交流历程 —— 61
（二）境外消费 —— 62
（三）跨境交付 —— 62
（四）商业存在 —— 62
（五）自然人流动 —— 62

五、市场机遇与潜力 —— 62
（一）北京峰会推进中刚合作发展 —— 62
（二）共同推进"一带一路"建设 —— 63

六、风险提示 —— 63
(一) 政治风险 —— 63
(二) 经济风险 —— 63
(三) 传统医药的特有风险 —— 64

七、案例分析 —— 64
(一) 金沙萨恩吉利综合医院 —— 64
(二) 中国瑞辰集团刚果（金）瑞辰医院 —— 65
(三) 金沙萨五十周年医院 —— 65

八、结论与建议 —— 66
(一) 开拓适合刚果（金）国情的中成药市场 —— 66
(二) 加强发展刚果（金）的中医药教育和事业 —— 67
(三) 研发适合刚果（金）病患的中药新产品 —— 67

附件 —— 69
2002 Portant Creation ET Organisation d'un Programme National de Promotion de la Medecine Traditionnelle et des Plantes Medicinales （促进传统医学和药用植物国家计划）—— 69

第五章　苏丹共和国 —— 73

一、政治与经济环境 —— 74
(一) 基本国情 —— 74
(二) 政治环境 —— 74
(三) 经济环境 —— 76

二、医疗健康保障体系现状 —— 78
(一) 基本情况 —— 78
(二) 医疗管理机构 —— 78
(三) 医疗机构 —— 78
(四) 医疗社会保障情况 —— 79

三、传统医药的法律与政策环境 —— 79
(一) 医师执业 —— 79
(二) 药品准入 —— 79

（三）传统医药教育 —— 80
　　（四）保险覆盖 —— 80
　　（五）医药投资 —— 80

四、中医药服务贸易双边合作现状 —— 81
　　（一）传统医药交流历程 —— 81
　　（二）境外消费 —— 81
　　（三）跨境交付 —— 81
　　（四）商业存在 —— 81
　　（五）自然人流动 —— 82

五、市场机遇与潜力 —— 82
　　（一）传统医药在苏价格优势明显 —— 82
　　（二）中医药为医药投资最佳切入点 —— 82
　　（三）区位优势明显，投资辐射较强 —— 83

六、风险提示 —— 83
　　（一）中医药医疗服务在苏发展不佳 —— 83
　　（二）投资环境不稳 —— 83
　　（三）缺少行业规范 —— 83
　　（四）战争因素 —— 84

七、案例分析 —— 84
　　（一）上海医药-苏丹制药有限公司 —— 84
　　（二）中国第36批援苏丹医疗队前往苏丹恩图曼友谊医院进行援助 —— 85

八、结论与建议 —— 86
　　（一）尊重当地风俗习惯 —— 86
　　（二）注意武装冲突，确保人身安全 —— 86
　　（三）建设中苏友谊中医药中心 —— 86

第六章　埃及 —— 89

一、政治与经济环境 —— 90
　　（一）基本国情 —— 90

（二）政治环境 —— 90
（三）经济环境 —— 92

二、医疗健康保障体系现状 —— 94
（一）基本情况 —— 94
（二）医疗管理机构 —— 94
（三）医疗机构 —— 94
（四）医疗社会保障情况 —— 95

三、传统医药的法律与政策环境 —— 96
（一）医师执业 —— 96
（二）药品准入 —— 97
（三）传统医药教育 —— 97
（四）保险覆盖 —— 98
（五）医药投资 —— 98

四、中医药服务贸易双边合作现状 —— 99
（一）传统医药交流历程 —— 99
（二）境外消费 —— 99
（三）跨境交付 —— 100
（四）商业存在 —— 100
（五）自然人流动 —— 100

五、市场机遇与潜力 —— 101
（一）中医针灸在埃及发展优势 —— 101
（二）中药进入埃及市场正逢良机 —— 102
（三）中国与埃及关于中医药的合作项目日益增多 —— 102

六、风险提示 —— 103
（一）药品注册手续繁琐 —— 103
（二）埃及政府对药品市场控制严格 —— 103
（三）埃及当地民众对中医药缺乏了解 —— 104
（四）埃及目前尚未有正规的中医教育体系 —— 104

七、案例分析 —— 105
（一）教育合作 —— 105

（二）第三届中非中医药国际合作与发展论坛 —— 105

八、结论与建议 —— 106
（一）加强正规中医药教育 —— 107
（二）发挥中医治未病的特色 —— 107
（三）积极与埃方合资合作 —— 107
（四）加入埃及的药品电子销售网络 —— 107

九、附件 —— 108

第七章 莫桑比克共和国 —— 111

一、政治与经济环境 —— 112
（一）基本国情 —— 112
（二）政治环境 —— 112
（三）经济环境 —— 113

二、医疗健康保障体系现状 —— 115
（一）基本情况 —— 115
（二）医疗管理机构 —— 116
（三）医疗机构 —— 116
（四）医疗社会保障情况 —— 117

三、传统医药的法律与政策环境 —— 118
（一）医师执业 —— 118
（二）药品准入 —— 118
（三）传统医药教育 —— 119
（四）保险覆盖 —— 119
（五）医药投资 —— 119

四、中医药服务贸易双边合作现状 —— 119
（一）传统医药交流历程 —— 119
（二）境外消费 —— 120
（三）跨境交付 —— 120
（四）商业存在 —— 120
（五）自然人流动 —— 120

五、市场机遇与潜力 —— 121
(一)传统医药在莫桑比克有一定价格优势 —— 121
(二)莫桑比克投资吸引力大 —— 122
(三)中莫携手促进经济多元化发展 —— 122
(四)中方与莫桑比克的文化交流密切 —— 123

六、风险提示 —— 123
(一)基础设施较差 —— 124
(二)部分城市和地区仍不稳定 —— 124
(三)宗教禁忌 —— 125

七、案例分析 —— 125
(一)和平方舟在莫桑比克进行医疗援助 —— 125
(二)粤澳合作中医药科技产业园 —— 126
(三)中国医疗队在马普托市中心医院 —— 126

八、结论与建议 —— 127
(一)深度融入当地 —— 127
(二)推动中医药的传播 —— 127

第八章　塞内加尔共和国 —— 131

一、政治与经济环境 —— 132
(一)基本国情 —— 132
(二)政治环境 —— 132
(三)经济环境 —— 133

二、医疗健康保障体系现状 —— 134
(一)基本情况 —— 134
(二)医疗管理机构 —— 134
(三)医疗机构 —— 135
(四)医疗社会保障情况 —— 135

三、中医药的法律与政策环境 —— 136
(一)医师执业 —— 136
(二)药品准入 —— 136

（三）传统医药教育 —— 136
（四）保险覆盖 —— 137
（五）医药投资 —— 137

四、中医药服务贸易双边合作现状 —— 137
（一）传统医药交流历程 —— 137
（二）境外消费 —— 138
（三）跨境交付 —— 138
（四）商业存在 —— 138
（五）自然人流动 —— 138

五、市场机遇与潜力 —— 139
（一）传统医药在塞内加尔具有一定发展优势 —— 140
（二）塞内加尔发展前景广阔 —— 140
（三）中方与塞内加尔的文化交流密切 —— 141

六、风险提示 —— 141
（一）基础设施不足 —— 141
（二）部分城市和地区社会治安相对不佳 —— 142
（三）注意习俗禁忌 —— 142

七、案例分析 —— 143
（一）中国援助塞内加尔医疗队 —— 143
（二）贾姆尼亚贾儿童医院 —— 143
（三）中国眼科医疗队在塞内加尔开展"光明行"眼科义诊活动 —— 144

八、结论与建议 —— 144
（一）尊重当地宗教信仰 —— 144
（二）依法保护生态环境 —— 144
（三）发挥中医学优势 —— 145

第九章　突尼斯共和国 —— 147

一、政治与经济环境 —— 148
（一）基本国情 —— 148

（二）政治环境 —— 148
　（三）经济环境 —— 149

二、医疗健康保障体系现状 —— 151
　（一）基本情况 —— 151
　（二）医疗管理机构 —— 151
　（三）医疗机构 —— 152
　（四）医疗社会保障情况 —— 152

三、传统医药的法律与政策环境 —— 152
　（一）医师执业 —— 153
　（二）药品准入 —— 153
　（三）传统医药教育 —— 153
　（四）保险覆盖 —— 154
　（五）医药投资 —— 154

四、中医药服务贸易双边合作现状 —— 154
　（一）传统医药交流历程 —— 154
　（二）境外消费 —— 155
　（三）跨境交付 —— 155
　（四）商业存在 —— 155
　（五）自然人流动 —— 156

五、市场机遇与潜力 —— 156
　（一）中突双方友谊深厚 —— 156
　（二）双边互通优势突出 —— 157

六、风险提示 —— 157
　（一）缺少中草药相关法律 —— 157
　（二）经济环境不稳定，货币贬值现象存在 —— 158
　（三）宗教文化禁忌 —— 158

七、案例分析 —— 158
　（一）马尔萨蒙杰·斯利姆医院 —— 158
　（二）斯法克斯医院 —— 159
　（三）中国第24批援助突尼斯医疗队海外"战"疫 —— 159

八、结论与建议 —— 160
　（一）以针灸为突破口发展服务贸易 —— 160
　（二）争取政策扶持 —— 160
　（三）加强中医药与突尼斯传统医学融合 —— 160

第十章　南非共和国 —— 163

一、政治与经济环境 —— 164
　（一）基本国情 —— 164
　（二）政治环境 —— 164
　（三）经济环境 —— 165

二、医疗健康保障体系现状 —— 166
　（一）基本情况 —— 166
　（二）医疗管理机构 —— 167
　（三）医疗机构 —— 167
　（四）医疗社会保障情况 —— 167

三、传统医药的法律与政策环境 —— 168
　（一）医师执业 —— 168
　（二）药品准入 —— 169
　（三）传统医药教育 —— 169
　（四）保险覆盖 —— 170
　（五）医药投资 —— 170

四、中医药服务贸易双边合作现状 —— 171
　（一）传统医药交流历程 —— 171
　（二）境外消费 —— 171
　（三）跨境交付 —— 171
　（四）商业存在 —— 171
　（五）自然人流动 —— 172

五、市场机遇与潜力 —— 172
　（一）南非中草药资源丰富 —— 172
　（二）中南贸易前景广阔 —— 173
　（三）合作开发南非药用植物 —— 173

六、风险提示 —— 173
(一) 中医药在南非形象欠佳 —— 173
(二) 双方贸易不平衡 —— 174
(三) 产业创新与开拓艰难 —— 174

七、案例分析 —— 174
(一) 中国北京同仁堂(集团)责任有限公司 —— 174
(二) 天士力医药集团股份有限公司 —— 175

八、结论与建议 —— 175
(一) 大力推进医疗合作 —— 175
(二) 结合南非的风俗情况发展普及中药产品 —— 175
(三) 加强中医信息标准化建设 —— 176

第一章 纳米比亚共和国

非·洲·卷
中医药海外发展国别研究

一、政治与经济环境

(一) 基本国情

纳米比亚共和国(The Republic of Namibia,以下简称"纳米比亚"),旧名"西南非洲",2023年人口约为302万。北同安哥拉、赞比亚为邻,东、南毗博茨瓦纳和南非,西濒大西洋,海岸线长1 600千米,全境大部分地区海拔为1 000～1 500米,西部沿海和东部内陆地区为沙漠,北部为平原。主要河流有奥兰治河、库内内河和奥卡万戈河[1]。气候燥热少雨,年平均气温18～22摄氏度,分为春(9—11月)、夏(12—次年2月)、秋(3—5月)、冬(6—8月)四季。纳米比亚国土面积为824 269平方千米,分为13个行政区和50个地方政府,首都为温得和克(Windhoek)。该国官方语言为英语,通用语言为阿非利卡语、德语和广雅语等。纳米比亚是撒哈拉以南非洲最晚摆脱殖民统治而独立的国家。1990年纳米比亚独立后,政治发展稳定,经济持续发展,纳米比亚90%的居民信仰基督教,其余信奉原始宗教[2]。

(二) 政治环境

1. **政治制度**　纳米比亚实施三权分立、两院议会和总统内阁制,目前执政党为西南非洲人民组织。纳米比亚行政机构由中央、省、地方三级政府组成。总统由国民直选选出,为国家元首和武装力量最高统帅,任期5年,可连任两届。现任总统为南戈洛·姆本巴。现任总理为莎拉·库贡盖卢瓦-阿马蒂拉。纳米比亚的议会由国民议会和全国委员会组成。国民议会拥有立法权,全国委员会拥有审议和驳回国民议会方案的权力,为国家最高权力机关[3]。国民议会每届任期5年。司法机关由最高法院、区法院和地方法院组成,最高法院为最高审判机关。纳米比亚共有40多个政党,其中10个政党在议会有席位,主要政党有西南非洲人民组织、大众民主运动、民主与进步大会等。

2. **外交特点**　迄今,纳米比亚已与150个国家建立了外交关系[8]。纳米比亚有33个驻外外交使团,这些特派团的主要职责是:在国外代表纳米比亚共和国;在海外国家保护纳米比亚共和国及其海外公民的利益,在国际法允许的范围内保障他们的福利;与各国政府或其派驻的当局进行谈判;促进纳米比亚共和国与拥核国家之间的友好关系;发展经济、文化、科学关系[4]。周边关系上,纳政府奉行不结盟、睦邻友好的外交政策;支持加强非洲国家间的合作;主张建立国际政治经济新秩序、加强南南合作、南北对话[4]。纳米比亚与世贸组织、南部非洲关税同盟、南部非洲发展共同体等组织签订了贸易协定。纳米比亚还批准了与安哥拉、意大利、西班牙、奥地利、芬兰等11国的保护条约和投资促进相互关系[5]。

表1-1 2010—2020年中纳外交事宜[1]

时间	外交事宜
2010年	纳米比亚开国总统努乔马来华出席上海世博会开幕式
2011年	纳米比亚时任总统波汉巴以南部非洲发展共同体轮值主席身份访华
2012年	努乔马来华出席第二届中非青年领导人论坛活动
2014年	根哥布以纳米比亚总理身份访华并出席博鳌亚洲论坛年会
2017年	纳米比亚副总理兼外长恩代特瓦来华访问
2018年3月	纳米比亚时任总统根哥布来华国事访问
2018年9月	纳米比亚时任总统根哥布来华出席中非合作论坛北京峰会
2019年4月	中共中央委员、吉林省委书记巴音朝鲁率中共代表团访问纳米比亚
2020年3月	中国国家主席习近平同纳米比亚时任总统根哥布互致贺电,庆祝两国建交30周年

3. 中纳关系　中国与纳米比亚于1990年3月22日建交。建交以来,两国关系发展顺利,高层交往频繁,中国时任国家主席江泽民、胡锦涛曾于1996年和2007年分别访纳。2018年3月,两国建立全面战略合作伙伴关系。中纳建交以来,中国完成了打井和建设经济住房、儿童活动中心、地方议会大厦、总统官邸、水产养殖中心、毛泽东中学等援助项目。目前中国正在援建的项目有青年职业培训中心二期、社会住宅等。中纳双边贸易从无到有,近年来发展十分迅猛。

(三)经济环境

1. 经济概况　纳米比亚属于发展中国家,采用资本主义市场经济体制。其流通货币为纳米比亚元,对美汇率约为 18.41∶1。纳米比亚经济内生动力相对不足,经济运行前景尚不明朗。2021 年国内生产总值为 123.1 亿美元,世界排名 137 位。纳米比亚贸易伙伴主要有南非、比利时、博茨瓦纳、意大利、巴哈马和赞比亚[1]。2018 年我国超越南非,成为纳米比亚最大的出口市场。2014 年和 2015 年,纳米比亚的经济增长率分别达 6.4% 和 6.0%。2016 年初以来,受国际大宗商品价格低迷和国内旱灾、基础设施薄弱等影响,经济一度陷入技术性衰退。2018 年略有上升,2019 年再次回落。尽管纳米比亚的货币与南非兰特挂钩,但该国的出口仍难以超过进口,纳米比亚过去几年一直面临贸易逆差[6]。

2. **主要产业** 纳米比亚是世界上海洋渔业资源最丰富的国家之一,铀、钻石等矿产资源和产量居非洲前列。矿业、渔业和农牧业为三大传统支柱产业,种植业、制造业较落后。钻石产量居世界第六名,钻石出口占出口收入总额的 33%。渔业出口约占出口收入的 30%。全国 70% 的人口直接或间接以农牧业为生[7]。纳米比亚经济对进口依赖性强,接近 90% 的进口商品来自南非。主要出口市场为南非、英国、美国等[1]。纳米比亚旅游业较发达,产值占国内生产总值的 10% 左右。近年来,赴纳国际游客逐年递增,2016 年共有 147 万外国游客赴纳观光。2021 年起,受新型冠状病毒感染疫情影响,当地旅游业等相关行业损失严重。据媒体报道,纳米比亚旅游部长希费塔证实,因为考虑到新型冠状病毒感染疫情的继续蔓延,根哥布总统拟向部分低风险国家开放边境吸引游客以振兴旅游业的计划宣告破产[21]。

3. **对华贸易** 中国是纳米比亚重要的进出口伙伴国。纳米比亚主要向中国进口机电产品、纺织品、家具等,出口天然铀、矿产品(铅、锰、铜矿砂)等。近年来,中国的高新技术产品已逐步进入纳米比亚市场,如电信产品、高科技含量的大型集装箱检测设备[1]。2022 年,纳米比亚与中国双边贸易额为 11.5 亿美元,其中纳米比亚出口 5.94 亿美元,自中方进口 5.57 亿美元。

表 1-2 2011—2022 年中纳贸易总额(单位:亿美元)

年份项目	2011	2012	2013	2014	2015	2016	2017	2018	2019	2020	2021	2022
总额	5.07	6.79	7.39	8.63	7.05	4.34	5.69	8.27	7.09	7.81	11.3	11.5
纳出口	2.24	2.4	2.57	3.18	2.13	1.66	2.97	5.04	5.11	5.58	7.35	5.94
纳进口	2.83	4.39	4.82	5.45	4.92	2.68	2.72	3.23	1.98	2.23	3.96	5.57

二、医疗健康保障体系现状

(一) 基本情况

纳米比亚整体医疗体系并不完善。纳米比亚独立之初,政府对殖民时期的医疗和社会服务机构进行了改革,重点建立了基本医疗制度,分为城镇医疗与基层医疗两个层次,年度卫生事业预算占国家财政预算总支出的15%左右。据纳米比亚2021—2022年度预算报告,医疗卫生经费占财政总预算的13.6%左右,但据纳米比亚金融机构监管局粗略估计,纳米比亚医疗保险覆盖人口目前约为41万,仅占全国人口的17%。截至2021年,纳米比亚共有医院34所、诊所267个、保健中心44个。全国共有6 435张床位,平均每1 000人拥有3.6张[3]。

纳米比亚公共卫生部门的结构分为中央、区域和地区三层。中央一级已将权力下放给13个卫生局及34个区。教会和非政府组织在保护健康和促进纳米比亚人民的社会福利方面发挥着重要作用,许多非政府组织都参与提供以社区为基础的卫生保健。在这些组织中,除了参与艾滋病毒/艾滋病方案的非政府组织外,实际参与卫生部规划进程的组织很少。纳米比亚的保健服务主要由三个提供者分担:政府公立医疗机构(70%~75%)、特派团(15%~20%)和私立医疗机构(5%)。MIS-sions(路德会、罗马天主教和英国圣公会)是非营利性组织,主要在农村地区工作。医疗机构分为公立机构和私立机构。纳米比亚大约80%的医学专家都在温得和克工作。

纳米比亚的医院医生几乎全部毕业于国外的医学院,但因人数不足,医院仍然需要聘用大量外国医生。据世界卫生组织统计,2011年纳米比亚全国医疗卫生总支出占国内生产总值(GDP)的8.6%,2018年占比为5.9%。按照购买力平价计算,人均医疗健康支出约612美元。2006—2013年,平均每万人拥有医生4人、护理和助产人员28人、牙医1人、药师2人。艾滋病、疟疾等疾病是纳米比亚面对的主要疾病。

(二) 医疗管理机构

纳米比亚医疗法律经纳米比亚议会与国家规划委员会讨论,由纳米比亚法律援助中心编写。下级政策由纳米比亚卫生部管理。

纳米比亚实施药房管理信息系统(PMIS),目的是收集关于该国当前制药业状况的信息[9]。纳米比亚财政部在2010年推出了一个综合财务管理系统(IFMS),但由于该系统尚未在各地区建立,各地区获得资金变得更困难[9]。

(三) 医疗机构

1. **公立医疗机构** 30多所公立地区医院提供机构性医疗和护理,包括预防性、促进性和治疗性保健。它们还向37个保健中心和259个诊所提供技术和转诊支助。此外,还有3个中间转诊医院和1个国家转诊医院作为地区医院的转诊中心。公共资金是住院和门诊治疗护理的最大资金提供者,而捐助者是公共卫生方案的最大资金提供者。公共资金仍然是卫生部门的主要资金来源,自2001年以来,几乎每年都有一半以上的支出来自公共资金。

2. **私立医疗机构** 营利性私营部门主要以城市为基础,由11个中型私营居屋、私人药房、医生诊所和疗养院提供保健服务。私营医疗机构受1994年《医院和卫生设施法》(简称《卫生法》)的管制。私营医疗机构获准向所有国民提供保健服务,并补充公共部门的服务。

3. **特派团** 纳米比亚独立前,特派团的设施主要在纳米比亚北部向纳米比亚人口提供保健服务,在该国南部则较少。纳米比亚独立后,政府与特派团的保健设施签订了一项协议,要求它们继续在以往一直运作的地区提供服务,并要求政府不要在同一地区建造保健设施,以避免重复。它们得到卫生部的100%补贴[10]。

(四) 医疗社会保障情况

1. **医疗保险** 在纳米比亚,大约44%的家庭参加了医疗保险。虽然投保率很高,但贫富差距很大。最贫穷的五分之一人口中只有4%的人参加医疗保险,而最富有的五分之一人口中有67%的人享受保险福利[11]。2014—2015年度,64%的医疗卫生资金由纳米比亚政府提供,相当于该财政年度政府支出的13%左右[12]。公共卫生系统为大多数人提供服务,主要是通过一般税收,而私人医疗服务系统的资助很大一部分来源于保险计划供款。

纳米比亚基本国民健康服务保险尚未最后确定。约72%的卫生保健机构设有卫生设施委员会,培训了5 000名社区卫生工作者。然而,目前还不清楚是否足以支持社区为基础的卫生保健服务的结构[18]。

2. 商业保险　纳米比亚允许公民自主投放多种商业保险。商业保险的具体保险金额和范围按照保险公司规定解释。

三、传统医药的法律与政策环境

纳米比亚有具体的医药规章和就医制度,自1995年起已有相关的法律条规。

(一) 医师执业

截至2022年,纳米比亚尚未建立官方管理框架,以规范包括中医药执业医师在内的传统治疗师。尽管如此,纳米比亚政府参与了若干进程,在公共卫生方面处理传统医药问题。例如,传统治疗师在两个重要的公共政策文件中得到承认——国家卫生政策框架(MHSS 2010a)和社区卫生保健(CBHC)政策(MHSS 2009、2007)。医生执业需要获得医学学位和医师执业执照。2004年纳政府颁布的第10号《医疗和牙医法》中规定:"执业",就本法适用的职业而言,包括从事与该职业特别有关的任何行为的就业;医药人员接受相关的训练和国家考核以后,相关部门会颁布从业执照[13]。

(二) 药品准入

纳米比亚的法律中,处方药和非处方药分别受到监管。纳米比亚药学理事会作为具有法律效力的群体组织,能够以自己的名义起诉和被起诉,且承担审查、登记药品责任。理事会主要职责是：公平处理已被指控、控告或指控的注册人士；就与药剂专业有关的任何事宜，向部长或任何其他人提供意见；向部长通报其在履行本法规定的职责过程中所获得的有关公共利益事项的资料。纳米比亚的药剂师应严格遵守美国食品药品监督管理局制定的标准，所有进口药品由当地的药品管制局控制销售。同时，纳米比亚实施药房管理信息系统，收集关于该国当前制药业状况的信息，监测和确保适当控制、实施围绕制药业的业务和管理[14]。

（三）传统医药教育

纳米比亚有各种各样的治疗方法，与世界卫生组织传统医学相适应的是一个以草药医师、信仰草药医师、占卜师、信仰治疗师和传统助产师共同构成的实践基础系统。虽然传统医药教学没有系统化，但据说大多数传统治疗师都要接受为期1~3年的学徒培训。采访显示，一些地区学徒可能需要至少五年的时间才能被授予传统治疗师的称号。20世纪90年代，外国治疗师在纳米比亚没有相关的约束制度和法规，一些外国"庸医"只有在被发现没有纳米比亚工作许可证之后才可以被起诉。在这种状况下，一些传统治疗师的公众形象在实践中受到质疑，甚至有一些纳米比亚的研究人员声称："纳米比亚的传统治疗成为了一件有利可图的事业。"由于传统治疗师被认为有与巫术相关的能力，纳米比亚人常把他们称作巫医[19]。

（四）保险覆盖

部分抗艾滋病毒药、抗疟药等药品已纳入纳米比亚医疗保险药品范围之内。据在纳米比亚行医的中医针灸推拿医生王鹏介绍，2020年3月6日，他得到纳米比亚医疗保险联合会的通知，中医正式进入纳米比亚医保体系，各家商业保险公司可以据此进行医保报销。这意味着从2020年3月起，纳米比亚医保参保者可以享受中医治疗医保报销。

四、中医药服务贸易双边合作现状

（一）传统医药交流历程

纳米比亚于1990年3月21日宣布独立，是非洲大陆最后一个获得民族独立的国家。1990年中国与纳米比亚正式确立外交关系，自此之后，中医药才慢慢传入纳米比亚国内。2020年中医正式进入纳米比亚医保体系，各家商业保险公司可以据此进行医保报销。

（二）境外消费

在过去许多年里，纳米比亚投入了大量的资金资助学生到海外求学，其中也包括中医学的学习。目前来自纳米比亚的传统医药互联网消费较少。

（三）跨境交付

纳米比亚当地网络发展较为稳定，互联网跨境交付主要集中在医药、电子商务和旅游发展。纳米比亚医药各项服务的覆盖面近年有了显著的增加，《2010—2015年纳米比亚发展策略》显示：现有网络包括约1 150个外展点、265个诊所、44个保健中心、3所中级医院、1所全国转诊医院作为各类社会福利服务点。然而，其转诊制度是薄弱的，而且由于缺乏交通工具，护理工作没有连续性。外展和移动出于同样的原因，服务的运行存在缺陷[18]。

电子信息方面，中非跨境电子商务平台重点推出了"非洲国家馆"版块，提供经济、政治、文化、社会等基本情况以及重要招商信息、投资信息、企业合作资讯等，以促成更多中纳企业间的合作与商贸往来。目前尚无中纳通过平台进行中草药、中医药器械等医药产品交易的信息。

（四）商业存在

中国在纳米比亚的医疗支援主要以援纳医疗队的形式进行，商业投资以建筑领域、矿业合作和技术支持为主，且目前已在纳米比亚部分医院设立中医科科室。援纳米比亚医疗队从1996年开始执行任务，每批任期2年，由医生和护士各2名组成。第9批援纳米比亚医疗队于2012年5月开始在纳米比亚提供医疗服务。根据中纳两国政府协定，援纳米比亚医疗队主要在纳米比亚的国立卡图图拉医院从事针灸和推拿工作，弘扬传统的中医文化。截至2023年2月，中国已经派出14批援纳医疗队[3]。始建于1996年的卡图图拉医院中医科是中国援助纳米比亚的医疗项目之一。如今，这个科室有2名医生和2名护士，平均每月要接待600多名患者。中国在纳米比亚设立中医站点，提供各种传统的中医治疗方法，包括针灸、草药、推拿以及拔火罐等[17]。

（五）自然人流动

目前主要形式为中国培养的医师和救援医疗队前往纳米比亚提供中医医疗服务，纳米比亚也有部分前往中国学习医药后回国服务的医师。除此之外，中国人在该国首都温得和克和北部边境省市Oshikango建有规模较大的中国城、中国村，销售从国内进口的小商品。

表1-3 中纳重要双边协议及文件[1]

时间	事件	意义
1990年	《中华人民共和国政府和纳米比亚共和国政府建交联合公报》	中纳建立大使级外交关系
2004年	《中华人民共和国政府和纳米比亚共和国政府关于成立经济贸易混合委员会的协定》	双方同意成立两国政府间经济贸易混合委员会
2005年	《中华人民共和国和纳米比亚共和国引渡条约》	承认各国主权平等和领土完整的原则，缔结引渡条约
2006年	《中华人民共和国和纳米比亚共和国关于刑事司法协助的条约》	通过合作措施和刑事司法协助，增进两国在侦查、起诉和打击犯罪的效能
2012年	《中华人民共和国政府和纳米比亚共和国政府经济技术合作协定》	同意根据两国现行法律和法规，努力发展和促进两国间的贸易和经济关系

续表

时间	事件	意义
2018年	《中华人民共和国政府与纳米比亚共和国政府关于共同推进丝绸之路经济带和21世纪海上丝绸之路建设的谅解备忘录》	共同推进丝绸之路经济带和21世纪海上丝绸之路建设

五、市场机遇与潜力

（一）良好的政治基础

2010年3月，时任全国政协主席贾庆林在庆祝中纳建交20周年招待会上发表讲话，认为中国和纳米比亚保持长期的伙伴关系，双方良好的政治互信为双边经贸合作奠定了基础。在纳米比亚独立之前，开国总统过努乔马就七次到访中国，为两国关系的建立和发展做出巨大贡献。

（二）投资市场可观

纳米比亚与中国在2015年8月签订了双边投资保护协定。纳米比亚实行自由的市场经济，对外资企业给予国民待遇，国民经济的各个部门均对外资开放，无本地参股要求（钻石除外），对外商投资企业给予资格证书，这是纳米比亚《外资法》的主要规定。为鼓励外资进入，纳米比亚还制订了《加工制造业和出口制造商优惠政策》，对出口加工型企业给予资质认定、颁发证书、免税和补贴等诸多优惠。

（三）中医药文化备受青睐

援纳医疗队由来自浙江省的中医师和护士组成，自1996年开始在卡图图拉医院工作，每两年轮换一次。2018年改为每批任期18个月，医疗队共有4名队员，医生和护士各2名，由浙江省卫生健康委员会从三级甲等中医院选派，医生来自针灸科和推拿科,护士无特殊专业要求。目前他们平均每月要用针灸、推拿、火罐等传统中医疗法免费诊治 600 名患者。据第 11 批援纳医疗队队长张水英介绍,两年的门诊诊疗人数达 13 658 人次,受到纳米比亚方高度评价。

六、风 险 提 示

(一) 市场空间狭小

纳米比亚全国人口仅 253 万,国内市场狭小,经济相对落后,基尼系数过高,贫富差距较大,不宜投资仅针对该国市场的产业。在纳米比亚开展投资、贸易、承包工程和劳务合作的过程中,要特别注意事前调查、分析、评估相关风险,做好风险规避和管理工作,切实保障自身利益。

(二) 成本预估复杂

在纳米比亚投资项目的预算范围、超支额度、成本等预估复杂,需根据当时和施工周期内的建材变动趋势,因此在测算投标成本时要注意将价格风险和运输成本计算准确。由于本地建材大多依赖进口且价格偏高、运输距离长、运输成本高,计算投标成本时要充分考虑这些因素。

(三) 劳动力素质较低

纳米比亚劳动力素质普遍偏低,劳动效率不高,且工会力量强大,中国企业应注意员工的劳动保护和最低工资保障,协调好劳资关系。个别华人对初赴纳米比亚投资者和经商者有欺诈行为,应注意防范。与纳米比亚华人交往时要注意严格按照纳米比亚法律签订合同。同时纳米比亚基础设施落后,产业协作条件不佳,签订合同时也应注意多方面评估风险。

七、案例分析

（一）卡图图拉医院

【所在地区】 温得和克。

【案例概述】 中国援纳医疗队由浙江省卫生健康委员会派出，自1996年开始在温得和克的国立卡图图拉医院工作，每批4人，中医师和护士各2名，定期轮换一次。卡图图拉医院中设置有专门的中医科科室，为当地居民提供推拿、针灸治疗。2014—2016年，第10批援纳医疗队在该院工作期间，共诊治患者约15 000名，受到纳方高度评价。

此案例为中国医疗事业单位依托中医的治疗效果和价格优势，获得纳米比亚患者广泛好评的有效实践。卡图图拉医院高度肯定中国医疗队坚守岗位为纳米比亚民众提供医疗服务的精神，表示将继续全力支持中国医疗队在纳米比亚开展工作。通过援纳医疗队的辛勤工作，中医文化在纳米比亚开始扎根。民众从不了解中医到喜欢上中医，中医文化得以被认识、了解和传播。援助医疗队不仅有利于中医药获得在当地发展的机会，也为中医药在纳米比亚打开市场夯实基础。

（二）职业教育合作

【所在地区】 纳米比亚某城市。

【案例概述】 2016年，受纳米比亚高教部委托，南通职业大学接收了该国"总统振兴计划"首批41名留学生。2017年7月，纳米比亚驻华大使凯亚莫率队到南通访问，看望这些留学生并实地考察，对南通职业大学留学生培养工作予以高度赞赏，并希望扩大招生规模、拓展合作领域、提升培养层次，将此项目培育成中国对非洲开展教育文化援助的合作典范。当年下半年，40多名学生被南通职业大学建筑工程、物联网、环境工程技术、机械制造与自动化4个专业录取，成为纳米比亚"总统振兴计划"南通职业大学项目的第二批留学生。这批学生也被列入江苏省教育厅"2018年江苏外国留学生优才计划项目"。

此案例为响应"一带一路"倡议,推动中国职业教育"走出去"的举措。学校结合海外人才需求,面向南部非洲开展高职教育的做法有助于中纳学生的交流和推动纳米比亚的人才教育。中方可拓展与纳米比亚等南部非洲国家职业教育合作的领域,加强对纳米比亚留学生的关心和管理,将这一项目打造成为"走出去"办学品牌。

(三)纳米比亚竞争委员会叫停中国水泥公司收购项目

【所在地区】 纳米比亚北部。

【案例概述】 2020年纳米比亚竞争委员会(NaCC)决定禁止中国西部水泥公司收购纳米比亚 Schwenk 公司(Ohorongo 水泥公司大股东)。NaCC 秘书处认为,中国西部水泥公司与纳米比亚 Cheetah 水泥公司的所有者 Whale Rock 公司存在关联。一旦收购完成,这两家公司很有可能在纳米比亚水泥市场通过协商减少竞争,进而损害消费者利益。本案例提示,中国在纳米比亚的投资竞争和公司收购可能会涉及市场垄断。

八、结论与建议

经济方面,纳米比亚经济处于上升期,但是贸易逆差大、国家赤字严重仍然是纳米比亚面临的主要问题。中纳贸易处于上升趋势,目前中国是纳米比亚最重要的贸易国之一。传统医药方面,纳米比亚人民对传统医药接受率高,但国家传统医药法规仍不完善,有待改善和增加。具体实施建议如下。

(一)行医时考虑当地习俗

纳米比亚各个民族、各个地区因文化传统和民族习惯各不相同,一般都有各自特殊的风俗习惯。在同纳米比亚人的交往中,对某些特殊的风俗习惯要给予理解和尊重,切不可大惊小怪、妄加评论。要注意多了解当地的风俗习惯,避免在相互交往中因不了解其独特的讲究、禁忌而产生误会。

在纳米比亚,宗教文化和世俗文化是互相影响的。纳米比亚居民有信奉宗教的习惯,多数人信奉基督教、天主教或伊斯兰教,进入这些宗教场所要遵照有关规定,不能大声喧哗、抽烟和吃东西等。在部分边远的少数民族聚居区还有一些特殊规定,需多加注意。在同纳米比亚人进行商务交往活动中,一定要注意多了解相关知识,包括宗教的礼节、仪式、忌讳等,注意尊重当地的风俗习惯。

(二)积极发展中医药市场

援纳医疗队多次受纳米比亚国立卡图图拉医院邀请,给医院员工开展中医相关的讲座,该院中医科科室也得到了良好的发展。援纳医疗队注重维护中纳外交关系和中医药文化的传播,有利于中医药市场在纳米比亚的进一步发展。中医药因其特有的文化属性,已成为我国对外文化传播的重要组成部分,但中医药国际化进程中存在东西方文化差异的障碍,在语言翻译和沟通方面,可以通过简单易懂的科普形式,传播中医药文化,开拓中医药市场。

(三)完善企业管理,促进产业发展

纳米比亚国内投资环境不稳定,市场相对狭小。由于没有完善的规范和制度,纳米比亚政府仍需加大力度建立医药和相关保险产业的规范。中国企业应遵守纳米比亚行业规范和法律要求,合理进行市场竞争,形成良性循环的产业供给链。纳米比亚还应尽量完善平台企业垄断认定、数据收集使用管理、消费者权益保护等方面的法律规范。

(顾云骁)

参考文献

[1] 国家国际合作发展署.纳米比亚国家概况[EB/CD].http://www.cidca.gov.cn/2023-04/09/c_1211965736.htm.

[2] 陈力丹,梁丹丹.新闻传播业发达的贫穷国家——纳米比亚[J].新闻界,2015(17):59-65.DOI:10.15897/j.cnki.cn51-1046/g2.2015.17.011.

[3] 中华人民共和国商务部.对外投资合作国别(地区)指南:纳米比亚(2023年版)[EB/CD].https://www.mofcom.gov.cn/dl/gbdqzn/upload/namibiya.pdf.

[4] Ministry of international relations and cooperation[EB/CD].http://www.mirco.gov.na/diplomatic-missions.

[5] SHIGWEDHA(史佳云)K T M.纳米比亚贸易平衡对经济增长的影响[D].北京:首都经济贸易大学,2017.

[6] Trading economics[EB/CD].https://zh.tradingeconomics.com/namibia/indicators.

[7] 中华人民共和国驻纳米比亚共和国大使馆经济商务参赞处.Economics and commercial counsellor's office of the embassy of the People's Republic of China in the Republic of Namibia[EB/CD].http://na.mofcom.gov.cn/article/ddgk/201009/20100907141583.shtml.

[8] 中国领事服务网.纳米比亚概况[EB/CD].http://cs.mfa.gov.cn/zggmcg/ljmdd/fz_648564/nmby_650985/.

[9] Fusire, T., Cowden, R. G., & Karodia, A. M. (2014). An evaluation of the impact of the implementation of the pharmacy management information system at primary health care facilities: a case of the Kavango region, Namibia[J]. Journal of Research and Development. Vol. 2014-11-4.

[10] Zere, E., Mbeeli, T., Shangula, K. et al. Technical efficiency of district hospitals: evidence from Namibia using data envelopment analysis[J]. Cost Eff Resour Alloc 4, 5 (2006).

[11] Gustafsson-Wright E, Asfaw A, van der Gaag J. Willingness to pay for health insurance: an analysis of the potential market for new low-cost health insurance products in Namibia[J]. Soc Sci Med. 2009 Nov; 69(9): 1351-1359.

[12] Allcock, S. H., Young, E. H. & Sandhu, M. S. Sociodemographic patterns of health insurance coverage in Namibia[J]. Int J Equity Health 18, 16 (2019).

[13] Government Gazette of the Republic of Namibia[EB/CD].https://laws.parliament.na/cms_documents/6340-8856f80718.pdf.

[14] Pharmacy Act 9 of 2004(GG 3250) brought into force on 1 October 2004 by GN 214/2004(GG 3291) as amended by Pharmacy Amendment Act 11 of 2018(GG 6704) came into force on date of publication:6 September 2018[EB/CD].https://laws.parliament.na/cms_documents/pharmacy-379c004ec0.pdf.

[15] http://www.factfish.com/zh/国家类别/纳米比亚/人口和卫生部.

[16] 薛海波.纳米比亚旅游业发展状况、存在问题及投资机遇[J].沿海企业与科技,2017(2):54-59.

[17] 中华人民共和国国务院新闻办公室.让中医药成为世界的瑰宝[EB/CD].http://www.scio.gov.cn/ztk/dtzt/34102/35624/35636/Document/1534596/1534596.htm.

[18] WHO country cooperation strategy 2010-2015 Namibia[EB/CD].https://apps.who.int/iris/bitstream/handle/10665/136066/ccs_nam.pdf;jsessionid=C5CCC5DEE2D997479E47EF93EE1E2C70?sequence=5.

[19] Public health, science and the economy of the onto-politics of traditional medicine in Namibia Maylin Meincke[EB/CD].https://core.ac.uk/download/pdf/33738801.pdf.

[20] 中国江苏网.通大举办首届校园多元文化日活动[EB/CD].http://jsnews.jschina.com.cn/nt/a/201711/t20171123_1212264.shtml.

[21] 新浪财经.受新冠肺炎疫情影响纳米比亚旅游业振兴计划被迫取消[EB/CD].https://baijiahao.baidu.com/s?id=1672407522092504481&wfr=spider&for=pc.

非·洲·卷
中医药海外发展国别研究

第二章 肯尼亚共和国

一、政治与经济环境

(一) 基本国情

肯尼亚共和国(The Republic of Kenya,以下简称肯尼亚),国土面积58.2万平方千米,人口约5 244万(据2024年统计)。全国共有44个民族,主要有基库尤族(17%)、卢希亚族(14%)、卡伦金族(11%)、卢奥族(10%)和康巴族(10%)等。此外,还有少数印巴人、阿拉伯人和欧洲人。官方语言为斯瓦希里语和英语。肯尼亚全国人口的45%信奉基督教新教,33%信奉天主教,10%信奉伊斯兰教,其余信奉原始宗教和印度教[1]。

肯尼亚位于非洲东部,赤道横贯中部,东非大裂谷纵贯南北。境内高原较多,平均海拔为1 500米。全境位于热带季风区,沿海地区湿热,高原气候温和,全年最高气温为22~26摄氏度,最低为10~14摄氏度[2]。公元7世纪,东南沿海地带已形成一些商业城市,阿拉伯人开始到此经商和定居。16世纪,葡萄牙殖民者占领了沿海地带。1890年,英、德瓜分东非,肯尼亚被划归英国,英政府于1895年宣布肯尼亚为其"东非保护地",1920年改为殖民地。1960年3月,肯尼亚非洲民族联盟(简称"肯盟")和肯尼亚非洲民主联盟成立。1962年2月,伦敦制宪会议决定由上述两党组成联合政府。1963年5月肯尼亚举行大选,肯盟获胜。同年6月1日成立自治政府,12月12日宣告独立。1964年12月12日肯尼亚共和国成立,但仍留在英联邦内。乔莫·肯雅塔(Jomo Kenyatta)是肯尼亚独立后的首任总统。

(二) 政治环境

1. **政治制度** 肯尼亚实行总统制共和制。本届内阁成立于2022年9月,由总统、副总统、各部部长共21名成员组成。议会是肯尼亚最高立法机构,成立于1963年,当时分设有参议院和众议院。1966年修订宪法,将参议院并入众议院,形成一院制,设立国民议会。2010年8月颁布的新宪法规定议会恢复设立参议院。2022年8月选举产生由国民议会和参议院两院构成的第13届议会,议员任期为5年。肯尼亚的现任总统为威廉·萨莫伊·鲁托,提名了其领导下的新一届肯尼亚中央政府内阁部长。

1964年肯尼亚颁布共和国宪法,迄今已历经大小30次修改。1982年6月,肯尼亚通过修宪确立实行一党制。1991年12月修宪改行多党制,规定:肯尼亚为多党民主国家,总统为国家元首、政府首脑兼国防军总司令,任期5年,连任不得超过两届;总统拥有最高行政权和任免权,有权召集或解散议会;总统和内阁集体对议会负责;公民享有宗教信仰、言论、集会、结社和迁徙的自由。1997年,肯尼亚反对党以宪法不适应多党制要求为由,强烈要求全面修宪。同年9月,肯尼亚颁布《修宪委员会法案》草案,开始修宪。2010年4月,肯尼亚新宪法草案获议会批准,8月通过全民公投并正式颁布实施,其主要内容包括:维持总统制政体,不再设总理职位;议会改为两院制,增设参议院;行政区由中央、省、地区、分区、乡、村六级改为中央和郡两级。目前,肯尼亚有注册政党约90个,主要政党联盟有团结纲领联盟与肯尼亚优先联盟。

2. **外交特点** 截至2022年,肯尼亚同107个国家建立了外交关系。15个联合国系统机构、52个其他国际组织在肯尼亚设立总部、地区办事处或代表处[3]。肯尼亚奉行和平、睦邻友好和不结盟的外交政策,积极参与地区和国际事务,大力推动地区政治和经济一体化,反对外来干涉,高度重视发展与西方及周边国家的关系,注重发展对外经贸关系,全面务实外交,强调外交为经济服务。近年来,其积极加强同中国等亚洲国家关系。肯尼亚是联合国、非洲联盟、不结盟运动、七十七国集团的成员国,洛美协定签字国,也是东非政府间发展组织、东部和南部非洲共同市场、东非共同体和环印度洋地区合作联盟等次区域组织的成员[4]。

3. **中肯关系** 中肯于1963年12月14日建交。21世纪以来,两国关系发展迅速。自建交以来,中国为肯尼亚援建的主要项目有莫伊国际体育中心、埃尔多雷特医院扩建工程、甘波基-塞勒姆公路等。中肯于1978年签订贸易协定,2001年签订投资保护协定,2011年3月成立双边贸易、投资和经济技术合作联合委员会。近年来,双边贸易额大幅增长。中国对肯尼亚主要出口机电、纺织服装、高新产品等,从肯尼亚进口红茶、咖啡、坚果等农产品。

(三)经济环境

1. **经济概况** 肯尼亚是撒哈拉以南非洲经济基础较好的国家之一。2021年国内生产总值为1 104亿美元,人均国内生产总值2 321美元,世界排名第61名[5],经济增长率为7.5%。流通货币名称为肯尼亚先令,对美元汇率约为126.74∶1。农业、服务业和工业是其国民经济三大支柱,茶叶等农产品、旅游、侨汇是三大创汇来源[3]。2008年肯尼亚政府启动"2030年远景规划",提出优先发展旅游业、农业、制造业、批发零售业、业务流程外包(BPO)、金融服务业等重点产业,争取年均经济增速达到10%,到2030年将肯尼亚发展成为具有全球竞争力、民众享有高质量生活、环境优美、社会安定的新兴工业化中等收入国家。

肯尼亚的财政收入主要靠税收。截至2022年12月,肯尼亚政府公共债务总额约741.4亿美元,其中内债约362.6亿美元,外债约378.8亿美元。

对外贸易在肯尼亚国家经济中占有重要地位,但长期逆差。肯尼亚主要出口商品为茶叶、花卉、咖啡、水泥、剑麻、除虫菊酯、纯碱、皮革、肉类和石油加工产品等,主要进口商品是机械、钢铁、车辆、化肥、药品等。2020年肯尼亚进出口贸易总额约247.2亿美元,其中出口额约65.2亿美元,进口额约182亿美元[6]。非洲、欧洲分别是肯尼亚出口第一、第二大目的地。亚洲是肯尼亚进口第一大来源地,中国是肯尼亚第一大进口来源国。2021年中肯双边贸易额为69.62亿美元,其中中方出口67.35亿美元,进口2.27亿美元。目前有近200家中资公司在肯尼亚开展业务,主要涉及工程承包、商贸等领域。长期以来中国与肯尼亚双方领导人彼此都关注着两国贸易的发展,两国高层也进行了多次的国事访问,在互访中形成了亲密的贸易战略伙伴关系,中肯之间的贸易进出口货物量也在不断增加。

2. **主要产业** 工业、农业以及旅游业是肯尼亚的主要产业。肯尼亚独立后工业发展迅速且门类比较齐全,是东非工业最发达的国家。主要以制造业为主,食品加工业发达。工业主要集中在三个城市:内罗毕、蒙巴萨和基苏木。制造业约占国内生产总值的10%。较大的企业包括炼油厂、轮胎厂、水泥厂、轧钢厂、发电厂和汽车装配厂等。85%的日用消费品是国内生产的,服装、纸张、食品、饮料、香烟等基本自给自足,有些还供出口。

农业是肯尼亚国民经济的支柱产业,产值约占国内生产总值的近1/3,其出口占肯尼亚出口总额的一半以上。该国约80%的人口从事农牧业。可耕地面积9.2万平方千米(约占国土面积的16%),主要集中在西南部。正常年景粮食基本自给,小麦和水稻严重依赖进口。剑麻出口量居全球第二位,是非洲最大的鲜花出口国,占据欧盟约1/3的市场份额。

肯尼亚的旅游业也为支柱产业,是肯尼亚第二大外汇收入来源,直接创造就业25万人,间接创造就业55万人。排名前5位的游客来源国依次为美国、英国、乌干达、中国、印度。其主要旅游点有内罗毕、察沃、安博塞利、纳库鲁、马赛马拉等地的国家公园、湖泊风景区及东非大裂谷、肯尼亚山和蒙巴萨海滨等[2]。

3. **对华贸易** 2021年，中肯双边贸易额达69.62亿美元，同比增长25.2%。其中，中国向肯尼亚出口67.35亿美元，同比增长24.5%；从肯尼亚进口2.27亿美元，同比增长50.5%。根据肯方数据，中国连续5年成为肯尼亚最大贸易伙伴。

中肯两国建交以来，经贸关系发展良好。2000—2015年，中肯贸易额由1.37亿美元增至60.16亿美元，增长44倍。2021年1—10月，中国对肯尼亚出口商品总值为54亿美元，相比2020年同期增长了12亿美元，同比增长29.2%；中国自肯尼亚进口商品总值为1.8亿美元，相比2020年同期增长了4 680.63万美元，同比增长34.1%（详情见表2-1）。

表2-1 2012—2021年中肯贸易总额[6]（单位：百万美元）

项目\年份	2012	2013	2014	2015	2016	2017	2018	2019	2020	2021
总额	4 487.8	4 789.3	5 092.6	5 065.9	4 801.0	4 958.4	4 982.0	4 662.3	5 410	6 962
肯出口	127.8	129.3	162.6	135.9	141.0	198.4	232.0	182.3	151	227
肯进口	4 760	4 660	4 930	4 930	4 660	4 760	4 750	4 480	5 259	6 735

二、医疗健康保障体系现状

（一）基本情况

肯尼亚的医疗设施分为药房、私人诊所、保健中心、分区医院、地区医院、私家医院、省立医院及国立医院。肯尼亚的医疗保健系统是以循序渐进的方式构建的，以便将复杂的病例提交到更高的层次，而系统中的空白由私人和教会管理的单位填补。初级保健中心和药房提供基本初级保健。药房由登记护士和注册护士经营和管理，并由各自保健中心的护理干事为普通感冒、流感、疟疾和皮肤病等简单疾病提供门诊服务。分区、地区和省立医院提供二级护理，即综合治疗和康复护理。分区医院与保健中心类似,增加了剖腹产和其他手术的手术室。地区医院通常有资源提供全面的医疗和外科服务。省立医院是区域中心,提供专科护理,包括重症监护、生命支持和专科咨询。设在内罗毕的 Moi 和 Kenyatta 综合医院提供三级护理。

截至 2020 年底,肯尼亚共有注册医生 12 792 人,护士 58 000 人[7]。肯尼亚普通民众就医条件较差,儿童和婴儿死亡率分别为 9.2% 和 6%。肯尼亚部分地区有疟疾、霍乱等传染病流行,其中疟疾是最大杀手。近年来,肯尼亚疟疾、肺结核、艾滋病等疾病致死率呈逐年下降趋势。

(二)医疗管理机构

肯尼亚医疗法律由国民议会制定。医疗管理机构分为四级,分别为中央卫生委员会、省级医疗管理部、地区医疗管理部以及社区的药房和医疗中心。中央卫生委员会负责制订政策、管理控制、开展人力资源的协作、资源的调动以及捐助者交往等。

省级医疗管理部负责监督和支持地方、地区的活动;对医疗标准的采用与管理;对医疗系统进行监督检查;财政管理和审计;继续教育;职业培训;对地区医疗管理部计划工作的调查研究等及监控地区内的一切医疗工作;对决定的财政资源及捐助基金的开支进行监控,报告社区内的村医疗委员会,对社区医疗事业进行管理。

(三)医疗机构

1. 公立医疗机构 肯尼亚卫生人力资源总体较为匮乏。截至 2022 年,肯尼亚全国注册的卫生人员约为 13.7 万人,其中医生仅占 9.3%(12 090 人)。农村药房只有 20% 的人员配备率,而地区医院的人员配备率达 120%。整个医疗卫生系统中卫生人力经费的 25% 都用于两个主要的转诊医院[8]。

公立医疗服务部门分为公立医院和卫生中心。卫生中心分为预防和治疗部门,主要为民众提供疫情预防和常规医疗服务。肯尼亚的各级公立医院由地方政府管辖和拨款,绝大部分基本药物由肯尼亚基本药品供应所(以下简称 KEMSA)供应。KEMSA 好比一个国营大超市,从国内外医药公司采购药品再卖给本国的公立医院。公立医院从 KEMSA 买药物的钱则是由地方政府派发,总体来说价格相对低廉。即使是全国屈指可数的国家级教学医院,如肯雅塔这样中东非地区最先进的医院之一,也是中等收入人群可以负担的。

2. **非营利私立机构** 由教会组织及非政府组织组成,其中包括教会医疗机构(医院、诊所和药房)和教会药品供应机构[7]。

3. **私立营利机构** 包括医疗设施、医疗分销商/供应商、药物/医疗器械制造商、卫生保障机构(例如医疗保险公司),以及医疗信息通信技术、医疗管理咨询和培训机构。

(四) 医疗社会保障情况

肯尼亚医疗机构包括公立医疗机构(48%)、私立非营利组织[包括信仰医院和教会医院(8%)以及当地和国际非政府组织(3%)]和私立营利医疗机构(41%)。肯尼亚目前所有医疗保险覆盖率整体为20%,覆盖人群数提高到了约960万,其中全国医院保险基金约760万人、商业医疗保险约150万人、社区医疗保险约50万人。

1. **公共医疗保险** 初级保健中心和药房提供基本的政府资助的公共保健。KEMSA向政府药房提供药品和医疗用品。虽然非肯尼亚本国公民仍可以享受公共医疗的服务,但他们将面临的标准远低于他们习惯的标准。居住在肯尼亚的外籍人士会发现,公共医疗设施往往人手不足,设备简陋,供应不足。中部省和内罗毕提供了最好的公共医疗设施,而东北省是最不发达的。

据国民保健署报告,2012—2013年政府保健支出占6.1%,达2 340亿肯尼亚先令(占国内生产总值的6.8%),国民自付资金占26.6%。支出占比最多的疾病包括艾滋病毒/艾滋病(占资金的18.7%)、生殖健康(12.9%)和疟疾(9.8%),用于传染病、可预防疾病和呼吸道疾病的疫苗的支出占6.0%。捐助者对医疗保健资金的捐助为26%,低于2009年的35%。人均保健支出为67美元,但是仍旧有大概22.7%的保健服务需求未得到满足。

2. **商业保险** 私人医疗保险主要由城市地区的高收入员工购买,大多数贫困人口无力购买私人医疗保险,例如年度保费524美元的UAP保险和894美元的Avenue健康保险。据肯尼亚卫生部信息显示,1999年约87%的私人健康保险是公司为员工购买;2013年私人医疗保险仅覆盖2%以下的人口。

近年来,肯尼亚的私营医疗保健部门变得更加突出。12.7%的肯尼亚患者在生病时不寻求医疗保健,服务费用高昂是主要障碍之一。

肯尼亚的医疗保健对所有人开放,包括外籍人士、全球公民和游客,但是医疗保健质量因地点、医院和疾病类型而异,且肯尼亚的公共医疗水平普遍达不到西方标准。故许多外籍人士会选择一些大型私人保险企业,例如安联国际保险(Allianz

International)。

3. **医疗援助** 肯尼亚在某些主要项目方面对于经济援助的依赖性较强,例如艾滋病项目,占据了所有援助经费的75%。60%的卫生类援助资金通过国际非政府组织输入肯尼亚[9]。

三、传统医药的法律与政策环境

20世纪70年代末,传统医学开始被纳入肯尼亚的国家卫生政策框架,当地民众对传统医学,特别是草药,具有很高的可接受性,因为它们被认为是廉价的,并且对其拥有强烈的文化依恋。但是传统医学尚未有效地纳入肯尼亚整个初级卫生保健部门的主流,如今仍然缺乏明确的法律和政策指南。

(一)医师执业

肯尼亚通过议会法案设立了八个保健专业人员管理机构,代表各个专业。它们包括肯尼亚护理委员会(NCK)、执业医师和牙医委员会(MPDB)、临床官员委员会(COC)、肯尼亚医疗实验室技术人员和技术人员委员会(KMLTB)、药房和毒药委员会(PPB)、公共卫生官员和技术人员委员会(PHOTC)、辐射防护委员会(RPB)和肯尼亚营养学家和营养师协会(KNDI)。肯尼亚1989—1993年第四个五年经济发展计划承认传统医学,并承诺促进传统医学从业人员的福利。卫生部和省级主管部门要求传统医学医生进行注册。

(二)药品准入

肯尼亚和中国在草药方面都有着悠久的历史,因此肯尼亚民众对中草药认可度相对较高,目前在肯尼亚销售的中草药已经通过了肯尼亚药房和毒药委员会的认证。

肯尼亚法律《制药业和毒药法》(第244章)是肯尼亚议会的一项法案,其中规定:① 任何人不得生产任何药用物质,除非已获得药房和毒药管理局颁发的生产许可证。

② 每个生产许可证应在每年 12 月 31 日到期,续期应符合规定条件。③ 任何人除非已就拟制造的每种药物向管理局申请并取得许可证,否则不得制造任何药物以供出售。④ 任何拟制造药用物质的人须已订明表格申请处所的发牌,并须连同订明的费用一并递交申请。⑤ 在任何生产场所生产的药用物质必须符合管理局批准的生产方法[10]。

(三)传统医药教育

截至 2022 年,肯尼亚有 158 个经卫生管理机构认证的卫生培训机构[11],培训各种卫生专业人员,以满足该国对高质量卫生保健日益增长的需求。

1984 年,肯尼亚成立了肯尼亚医学研究所,作为国家研究机构开展传统医药的研究。肯尼亚关于传统医药/补充与替代医药方面的国家政策、法律法规正在制定的过程中。安全评价的法规要求在草药的传统使用上没有被证明有害作用,并参照类似产品的科研文献。

2011 年天津中医药大学在肯尼亚开设针灸研修班,本次研修班为期两周,学习内容涵盖中国传统文化、中医基础理论、针灸基础知识、常见病治疗及临床操作、针灸现代研究进展等。天津中医药大学、内罗毕大学孔子学院选派优秀教师讲授课程。研修班学员们对中国优秀传统文化、中医药文化表现出浓厚兴趣和极大热情,表示希望有机会能够进一步深入系统地学习中医针灸知识,为中医药事业在非洲的蓬勃发展作出贡献[12]。

(四)保险覆盖

肯尼亚的中医药传统医疗保险不包括针灸,对于传统医药类保险的相关法律法规也很不完善。但是,许多大型私营保险公司,例如 Aetna 拥有相关性的保险机制,不过通常有一些限制,例如,有些民众选择以针灸代替麻醉药,而保险公司承保的麻醉药师的保险,则非针灸师的治疗。

(五)医药投资

当地市场在传统医药的贸易和实践中变得越来越重要。然而,传统医药贸易的规模和现有的治理体系仍然不清楚,并且在当地基本上没有记录[13]。

四、中医药服务贸易双边合作现状

(一) 传统医药交流历程

最早从明代郑和下西洋起,中医药就在肯尼亚使用并发展。2013 年 3 月 26 日,中国国家中医药管理局副局长率团访问肯尼亚,其间代表团一行参观了肯尼亚公共卫生部疾病控制中心和国家疟疾防治中心,与肯尼亚疾控中心主任和国家疟疾防治中心主任进行了工作会谈,双方就在传统医药方面的合作,尤其是肯尼亚传统草药的研发方面达成共识。

2015 年 8 月 11 日,中国国家中医药管理局副局长会见了来访的肯尼亚议会卫生委员会副主席一行,就中肯传统医学合作,特别是中医师在肯注册认证问题进行了交流。

(二) 境外消费

肯尼亚本土居民出国以寻求更好的医疗服务是很常见的,例如,2016 年,该国卫生部统计肯尼亚人在国外的医疗费用为 1 500 万美元。2019 年 1 月至 12 月期间,肯尼亚卫生部与医疗从业者和牙医委员会(KMPDC)批准了 400 多名患者出国接受治疗。由于为减轻新型冠状病毒感染传播而实施的封锁,肯尼亚 2020 年记录的出国求医数字略低。

数据显示,最常见的转诊是与肿瘤、心脏病和器官移植有关的转诊。癌症患者占到在海外寻求治疗的肯尼亚人的 50% 以上,肾脏疾病占 16.8%,心血管疾病占 7.8%,骨骼疾病占 3.4%。

(三) 跨境交付

由于肯尼亚国内中医药普及程度有限,未有相关网上云诊断、云治疗的平台体系。故两国互联网跨境交付主要集中于贸易和教育方面。

（四）商业存在

中国通过赠款帮助肯尼亚建设了三所医院，包括埃尔多雷特医院、露西·齐贝吉医院和加通杜医院。肯雅塔大学的教学转诊医院由中国政府提供优惠贷款。

在防治疟疾方面，中国帮助肯尼亚在肯雅塔医院建立了疟疾防治中心，并提供了多批抗疟疾药物和先进设备。在其他非洲国家，中国也为防治疟疾作出了巨大努力。1994年，北京华方科泰医药有限公司带着自主开发研制的双氢青蒿素抗疟疾产品进入肯尼亚市场，成为最早赴肯的中国医药公司之一。2009年中国产新一代青蒿素复方抗疟药青蒿素哌喹片于当地时间6月19日正式在肯尼亚发布。

（五）自然人流动

主要为肯尼亚人到中国学习，也有中国外派的援建人员和经商者到肯尼亚。自中国商务部于2001年启动对外援助人力资源培训计划以来，已有近万名肯尼亚政府官员到中国参加培训研讨会。2017年的数据显示，肯尼亚劳动力的参与率仅为65.4%，而且呈下降趋势，这表明将近35%的劳动年龄人口失业。据统计，从2015年底到2018年初，中国企业为肯尼亚管理人员、技术工人、医生、教师和其他行业人员提供了6万多个培训机会。中国还协助完成了中非联合研究中心，并帮助扩大肯尼亚铁路培训学院，建立中非职业教育师范学院，旨在帮助肯尼亚人民掌握先进的知识和技术技能。中肯服务贸易大事记见表2-2。

表2-2 中肯服务贸易大事记

时间	事件	意义
1963年12月14日	中肯两国政府发表联合公报，正式建立大使级外交关系	中国与肯尼亚正式开展外交活动
1980年9月14日	肯尼亚时任总统莫伊访问中国。中国政府和肯尼亚政府经济技术合作协定在北京签订。根据协定，中国在6年内向肯尼亚提供7 000万元无息贷款，用于肯尼亚建设项目所需支付的设计费、设备材料费和施工机械耗损费	中国开始对肯尼亚提供援助
2015年1月	中国和肯尼亚双边贸易额突破50亿美元	中国超越印度成为肯尼亚最大贸易伙伴，"一带一路"倡议实施顺利

五、市场机遇与潜力

（一）传统医药价格优势明显

欧美发达国家和印度的药品几乎垄断了非洲西药市场，70%的肯尼亚人用不起常规药物而求助于传统药物和草药。且当地大部分传统药物和草药都没有登记备案，而具有完整体系的中医药就具有巨大优势。

（二）本土草本药物丰富

肯尼亚丰富的自然资源为中国与肯尼亚间的中医药贸易可持续发展提供了重要条件。尽管肯尼亚尚未发现特定的草药物种，但以南非为例，就有约3 000种具有药用价值的植物，其中有130多种广泛用于传统医学领域。肯尼亚有自己的传统医学和使用当地传统草药的历史，因此与其他国家相比，民众对中草药的认可度也更高。而肯尼亚丰富的植物药用资源是延续传统医药文化的基础，也为处于经济发展初期的当地人民提供了治疗疾病的简廉选择[14]。

（三）中医药发展社会环境较好

社会环境取决于群体中的价值观、教育、宗教、风俗习惯及社会活动团体。社会环境因素，如来自社会团体和组织的压力、社会舆论和社会价值取向，往往会对企业经营产生重大影响。

迄今为止，帕泰岛上的中国村、上加村仍保留中国传统医术，在帕泰岛西游村"杏林"世家的家族祖传医术是从郑和船队的海医那里学到的；当地居民先前从中国人那里学习中医，再结合当地本土的医术，创造出非洲式拔火罐；当地"中国医生"用中医传统方法治疗骨折。传统中草药受到了当地居民的欢迎，融入当地医学实践中，使之得到传播与发展。

（四）中肯经贸合作前景广阔

肯尼亚作为东非经济发展速度最快的国家，近年来不断呈现出迅猛的发展势头，已然成为东非第一大投资吸引国和最大的经济实体，是我国"一带一路"倡议中重要的战略伙伴。2014年，肯尼亚宣布建设自由贸易区，以实现商品的无税自由流通、投资自由化、贸易便利化，加强东非、南非、中非三大区域之间的经贸往来，进一步提高肯尼亚在东非地区的战略地位。目前中国与肯尼亚已经签订了中肯自由贸易区的备忘录（MOU），这对于中国构建全方位的开放经济，推动产能合作实现贸易畅通、设施联通提高了重要的支撑条件，也让中医药的出口得到政策保障。

六、风险提示

（一）安全问题

肯尼亚安全形势较差，恐怖袭击、抢劫盗窃等治安案件时有发生。2013年发生了西门购物中心恐怖袭击事件。2014年内罗毕、蒙巴萨、曼德拉等地又发生一系列袭击事件。2015年4月发生加里萨恐怖袭击事件。2017年，受大选影响，肯尼亚治安形势紧张，在部分地区发生小规模骚乱，也发生多起中资企业项目和人员被抢、被盗事件，造成人员伤亡和财产损失[15]。2019年1月，索马里青年党在内罗毕都喜酒店制造恐怖袭击事件，造成21人丧生。2019年1月，某中企业加里萨项目营地遭武装分子袭击，至少一名村民受伤，中方人员无伤亡。

由此可见，中医药企业在肯尼亚发展有很大的风险，且肯尼亚每5年举行一次大选，政策容易变动，2022年新内阁间接影响了中医药企业前往肯尼亚发展贸易。

（二）医疗环境恶劣

2016年肯尼亚15～60岁男性的死亡率为25.6%，女性为18.4%。中国的这两项数据分别为9.3%和6.7%,远低于肯尼亚。肯尼亚政府数据显示,该国70%的人口有感染疟疾的风险,大部分非正常死亡原因为艾滋病和上呼吸道的感染,艰苦的卫生条件成为中国中医师难以立身于肯尼亚的主要原因。

(三) 医疗改革失败,传统医药法律框架不完善

1994年肯尼亚颁布"肯尼亚医疗政策体制"和《1999—2004年国家卫生部门的策略》文件。文件中声明向全体公民一律平等地提供医疗服务,并对最贫困和服务不周的地区作出重点保证。但是事实并非如此,因为肯尼亚的卫生部不是唯一的医疗保健提供者。在医疗保健开支的总额中,政府只占一半不到,约48%。余下的52%为非政府部门的开支,所有医院中非政府组织所有占50%,拥有总床位的36%,另外还拥有21%的医疗中心和51%的门诊部。体量大的同时,官方缺乏非政府供方职责方面明确的规定,所以他们的实际工作并不对政府负责,也就不需要针对国家卫生目标来按章办事,导致了卫生医疗基础建设不稳,上层政策目标改革失败。

肯尼亚是一个发展中国家,拥有丰富的草药资源和民间医学知识。但是,从纯粹的法律和管理角度来看,该国管理草药的机制存在着不足之处。肯尼亚卫生部有一个针对巫医的议会法案,规定"任何一个人用所谓的巫术,打算伤害他人,引起他人恐惧、烦恼或受伤,都应当算犯法"[1]。而巫医也是非洲中不可忽视的传统医疗体系之一,这就引出了一个巫医是否等同于草药的运用的问题。长期以来,在非洲本土草药一直与巫术联系在一起。肯尼亚缺少明确的监管框架来将可接受的草药运用与巫术区分开。故当地存在着一些真正的草药学家被指控从事巫术的负面情况。

七、案 例 分 析

(一) 肯尼亚的"东方医馆"

【所在地区】　内罗毕西域区。

【案例概述】　1992年李川跟随时任中国驻肯尼亚大使前往该国,两年后开设了

一家中医诊所。中医在肯尼亚处于法律的"模糊"地带。这种模糊的边界既造就了机遇也带来了隐患。最初李川的中医馆注册在文化部的名下,最近几年才转为卫生部注册。但同样的,中医的行医也得不到法律的保障。"东方医馆"的中药材都进口于中国。曾经有中国高校专家来到肯尼亚尝试种植青蒿,但可惜的是这些试验品完全检测不到药性。这一定程度上增加了就地取药的难度。但针对非洲特有的热带流行病如疟疾、艾滋病、禽流感等,李川和女儿结合多年的临床经验配制出特殊药方,治愈率高的好口碑为他们在内罗毕增添了不少名气。"东方医馆"在肯尼亚坚守了二十年。"东方医馆"的中国医生高峰期半日内要接待至少30名患者,有时甚至达到50名。从肯尼亚总统家族到各部门部长、从印度大商人到马赛族牧场主、从各使馆官员到普通老百姓,都有奉行中国传统医疗方法"东方医馆"的追随者。

案例为个人医疗单位,通过其在肯尼亚坚守的经历来看,中医对治疗肯尼亚常见的疟疾、艾滋病、禽流感有确切疗效。中医馆的成功有利于中医药在肯尼亚获得话语权,也为其在肯尼亚打开市场夯实了基础。肯尼亚没有完善的针对中医行业的法律,因此无法检验中医的行医资格,这很大程度上降低了肯尼亚市场中医的从业标准。需要制定相关的法律法规使中医在肯尼亚合法化,出台相应的药物检验标准使中药标准化,规范从医行为。

(二) 卡通都医院

【所在地区】 肯尼亚基布郡卡通都区。

【案例概述】 该医院始建于1967年,属肯卫生部下属区级医院,距首都内罗毕市区约52千米。2013年12月,由中国国合建设集团有限公司承建的医院改扩建一期工程开工建设。2016年3月,中肯双方举行新大楼交接仪式,次月大楼正式投入使用。

中国对肯尼亚的基建援助开始于中肯往来初期,虽然肯尼亚具有特殊性,即中国未曾派遣过医疗队前往肯尼亚进行帮助或者技术交流,但是中国通过其他各种方式援助肯尼亚。卡通都医院含12个重症监护(ICU)床位和84个普通病床,配备门诊、急救室、X线和CT室、产科、化验室和药房等,总造价约1 000万美元。此项目大大提高了医院的接诊能力,改善了医生工作及患者就诊的环境,提升了医疗设备的现代化程度。在中国的培训则大大提高了当地医生的治疗能力和护士的护理水准。

(三)肯雅塔大学教学转诊和研究医院

【所在地区】 肯尼亚首都内罗毕。

【案例概述】 第一个使用中国优惠贷款资金进行设计—建设—医疗设备采购安装—医护人员培训为一体的工程总承包模式（EPC）项目，合同额为1.1亿美元。医院占地600余亩，总建筑面积超8万平方米，共650余张床位，包括8间高等级手术室、1个产妇中心、1个新生儿重症监护室（NICU）、1个重症监护室（ICU）、1个特别加护病房（HDU），以及医学影像中心、中心供应室、制氧及医用气体系统、锅炉及洗衣房、医疗废弃物处理、殡仪设施、餐厅、教学中心、宿舍等配套设施。

肯雅塔大学教学转诊和研究医院的启用和运营极大缓解了肯尼亚医疗资源的不足，提高了肯尼亚整体医疗水平和收治新型冠状病毒感染患者的能力，为肯尼亚政府打赢疫情防控这场硬仗提供了强有力的硬件支持。

八、结论与建议

中国是肯尼亚的第一大贸易伙伴，但是中国与肯尼亚在贸易投资方面仍然存在贸易结构、投资结构关税壁垒等问题，如逆差地位、投资结构单一，中国与肯尼亚政府应该加强战略沟通、消除问题、深化双边合作。传统医药方面，肯尼亚人民对传统医药接受率高，国家传统医药法规仍不完善。中肯在传统医药标准化、医疗服务贸易方面存在较大市场空白。具体实施建议如下。

（一）增设中医药海外中心

现在，肯尼亚民众不仅重视针灸，对中医药的治疗需求也日趋增加。建议设立中医药海外中心，增加中医执业医师数量、提高中草药使用率，推动更多中医药产品进入肯尼亚，为当地人民提供中医、针灸、推拿、养生等全面中医药服务或提供抗艾滋病、抗疟疾等医疗服务。

(二)克服中医药企业现有挑战

尽管中医药在肯尼亚有很好的发展机遇,但也面临诸多挑战。中医药走向肯尼亚面临的主要挑战为语言、疗效和营销。

语言能力是中医走向世界必须解决的重要问题。流利的外语水平有利于中医师与患者沟通,建立信任感,也有利于进一步了解病情,提出治疗方案,提高治疗效果。长期凭借翻译不是解决问题的根本办法,中国中医药教育必须狠抓外语,培养一批精通外语的新中医人才,推进中医药的国际传播与发展。

疗效是中医在海外生存与发展的根本保证。中医海外从业,没有疗效就无法长期生存下去。所以,必须要有过硬的医术,可以针对某些疾病形成自己的诊疗特色,建立信誉,树立自身医疗品牌,以便在市场竞争中生存与发展。

市场营销是中医在海外医疗市场上不断发展、建立品牌的重要手段。俗话说:"酒好也怕巷子深。"中医在肯尼亚人生地不熟,没有一定的市场营销能力很难打开局面。值得中医药从业者注意的是,市场营销受制于当地文化风俗、价值观念等。中医需要宣传和倡导使用道地药材,反对和限制使用动物药,这有利于获得外国人的价值认同,对提高中医药声誉有重要意义。

(朱嘉辰)

参考文献

[1] United Nations. Department of economic and social affairs, population division. Kenya population[DB/OL]. https://www.worldometers.info/world-population/kenya-population/,2021-4.

[2] 中国政府网.肯尼亚概况[EB/OL].https://www.gov.cn/zhuanti/2014-04/29/content_2668381.htm.

[3] 商务部国际贸易经济合作研究院,中国驻肯尼亚大使馆经济商务处,商务部对外投资和经济合作司.对外投资合作国别(地区)指南.肯尼亚[Z].中国:对外投资合作国别(地区)指南编制办公室,2020.

[4] 外交部.肯尼亚[EB/OL].https://www.yidaiyilu.gov.cn/gbjg/gbgk/66280.htm.

[5] 快易理财网.世界各国GDP数据[EB/OL].https://www.kylc.com/stats/global/yearly_overview/g_gdp.html,2021.

[6] OEC. Kenya[EB/OL].https://oec.world/en/profile/country/ken.

[7] Number of registered medical officers in Kenya from 2016 to 2021[EB/OL]. https://www.statista.com/statistics/1238125/number-of-registered-medical-doctors-in-kenya/.

[8] 中山大学国家治理研究院.国家治理研究院全球卫生研究中心研究成果发布(一)[EB/OL].https://mp.weixin.qq.com/s/Aimgo6GFmIE5tyM5CkWmtQ.

[9] 10 — The role of private health insurance in financing health care in Kenya[EB/OL].https://www.cambridge.org/core/books/private-health-insurance/role-of-private-health-insurance-in-financing-health-care-in-kenya/763A18F528F5A8F15E2FE91B700FDABC.

[10] Laws of Kenya. Pharmacy and Poisons Act, Cap 244. Part IV - Miscellaneous Provisions. Labelling of articles containing medicine[EB/OL].http://faolex.fao.org/docs/pdf/ken64184.pdf

[11] 新华网.中国与儿基会签署肯尼亚孕产妇、新生儿和儿童健康项目完结[EB/OL].http://www.xinhuanet.com/2022-07/01/c_1128793993.htm.

[12] 谭旭仪.天津中医药大学承办非洲西医师针灸高级研修班在肯尼亚开班[J].中医药导报,2011,17(10):53.

[13] Bussmann, et al. Changing markets-medicinal plants in the markets of La Paz and El alto, Bolivia[J]. J Ethnopharmacol.193: 76-95.

[14] 刘海舟.中医药在非洲的发展现状及传播策略研究[J].科技视界,2016(4):146+162.

[15] 宗胜男.中国基建企业境外投资财务风险研究[D].长沙:湖南大学,2018.

第三章 博茨瓦纳共和国

中医药海外发展国别研究
非·洲·卷

一、政治与经济环境

(一) 基本国情

博茨瓦纳共和国(The Republic of Botswana,以下简称"博茨瓦纳"),独立前称贝专纳。公元13—14世纪,茨瓦纳人由北方迁居此地。1885年成为英国保护地,称"贝专纳保护地"。1966年9月30日宣布独立,定国名为博茨瓦纳共和国,仍留在英联邦内。2023年博茨瓦纳总人口约为267.5万人。博茨瓦纳被称为"世界人口密度最低的国家",平均人口密度为4.15人/平方千米,且人口分布不平衡,大多数城镇和村庄的人口集中在东南部狭长地带,而广阔的西部和北部人烟稀少。官方语言为英语,通用语言为茨瓦纳语。博茨瓦纳是位于南部非洲高原中部卡拉哈里盆地的内陆国家。东部和东北部与津巴布韦相连,南部和东南部与南非接壤,西部和西北部与纳米比亚毗邻,北端与赞比亚交界,总面积581 730平方千米。博茨瓦纳全国分为10个行政区、2个城市和4个镇[1]。博茨瓦纳首都是哈博罗内。根据世界银行统计数据,博茨瓦纳绝大部分为班图语系的茨瓦纳人(占人口的90%),多数信奉基督教和天主教,部分人信奉伊斯兰教、巴哈教,农村地区不少人信奉当地传统宗教。

在博茨瓦纳的华人华侨近5 000人,主要集中在哈博罗内、弗朗西斯敦、马翁等地。其中,原籍福建省的侨民约占半数,其余侨民多来自江西省、东北三省、山东省和陕西省等,少数来自台湾地区[2]。当地华人华侨主要从事进出口贸易和批发零售业,部分从事建筑承包、餐饮、医疗诊所、服装加工、钢铁产品初级加工及机动车维修等行业。当地主要侨团有:博茨瓦纳华人华侨总商会、博茨瓦纳中国和平统一促进会、弗朗西斯敦华商会、马翁侨社、福建同乡会、江西同乡会、南部非洲东北商会、东方商贸协会等。此外还有博茨瓦纳中资企业协会、博茨瓦纳中国友好协会等组织[3]。

(二) 政治环境

1. 政治制度 博茨瓦纳是发展中国家,独立以来政局长期保持稳定,经济持续、快速发展,历届政府均坚持"民主、发展、自力更生、团结"的原则,既采用西方国家三权分立的政治制度,又注意兼顾本国历史传统和部落文化,秉持民主、人权、自由理论,重视法治和廉政建设,实行多党议会制。立法、司法、行政三权分立,总统为国家元首、政府首脑兼武装部队总司令,由国民议会选举产生,任期5年,最多连任两次,现任总统杜马·博科。博茨瓦纳国民议会成立于1965年3月1日,另设酋长院,为议会有关部落和传统事务的咨询机构。国民议会主要职权是:选举总统,制定法律,修改宪法,审议国家发展计划和政府财政预算。总统和国民议会组成国会,行使立法权;总统有权从议员中任命副总统以及政府各部部长和副部长,组成内阁,内阁行使行政权;法院行使司法权,由高等法院、上诉法院和传统法院组成。博茨瓦纳共有13个政党,以民主党为主。2019年10月举行第12次全国大选。博茨瓦纳法治程度高,在《2020年易卜拉欣非洲国家治理指数(IIAG)报告》所列54个非洲国家中排名第五位。

2. **外交特点** 博茨瓦纳奉行不结盟的对外政策,对外交往活跃,积极向国际社会展示本国经济社会发展成就和良好的投资环境,广泛开展与世界各国的合作,拥有23个驻外外交使团。博茨瓦纳主张国家主权平等和互不干涉内政,通过谈判解决争端;提倡建立公正、平等的国际政治经济新秩序;倡导发展中国家尤其是中小国家应加强合作,共同应对全球化挑战[3]。周边关系上,博茨瓦纳与邻国保持睦邻友好关系,与南非、纳米比亚、莱索托和斯威士兰同为南部非洲关税同盟成员国,经济关系密切,其中与南非在经济、贸易等领域联系尤为紧密。

3. **中博关系** 中博两国于1975年1月6日签署《中华人民共和国政府和博茨瓦纳共和国政府关于建立外交关系的联合公报》。近50年来,不管国际形势如何变化,中博两国关系始终保持着旺盛生命力。自2018年9月马西西总统对华进行国事访问并出席中非合作论坛北京峰会以来,两国互信不断增加,务实合作持续深化,人文交流日益密切,双边关系发展迎来新机遇[4]。

新冠病毒感染疫情暴发后,中方通过援助抗疫物资等方式及时向博伸出援手。2020年1月和2月,时任博总统莫克维齐·马西西就疫情两次向中国国家主席习近平致慰问电。博发生新冠病毒感染疫情以来,中国政府、地方政府、企业等向博捐赠多批紧急防疫物资。中方还向博方提供疫苗援助,并协助博政府在华采购疫苗。中国的援助不仅仅是物资,更重要的是向博传递了团结合作、抗疫必胜的信心,真实地展现了两国的友好情谊。博方感谢中方在疫情期间对博的援助支持,表示将积极与中方探讨,以深化在卫生、农业、旅游业、基建、数字经济等领域的合作。由此可见,通过抗疫合作,两国关系进一步增强,两国人民的友谊变得更加深厚[5]。

(三) 经济环境

1. **经济概况**　博茨瓦纳采用自由市场经济体制,采取优惠措施吸引外资和引进国外先进技术,经济实现了快速、持续发展。为了改变经济发展主要依赖钻石的状况,从20世纪80年代后期开始,博茨瓦纳政府开始推行经济多元化政策,并取得成效。其流通货币为普拉(BWP),对美元汇率约为13.20∶1。博茨瓦纳是非洲经济发展较快、经济状况较好的国家之一,2020年GDP约为189.14亿美元,人均GDP约为8 376.64美元,世界排名第113位。截至2020年3月31日,该国年度发展基金的国外来源和国内来源数额见图3-1①。截至2023年5月1日,博茨瓦纳国际贸易为顺差,为1 914.400百万普拉②,见图3-2和图3-3。

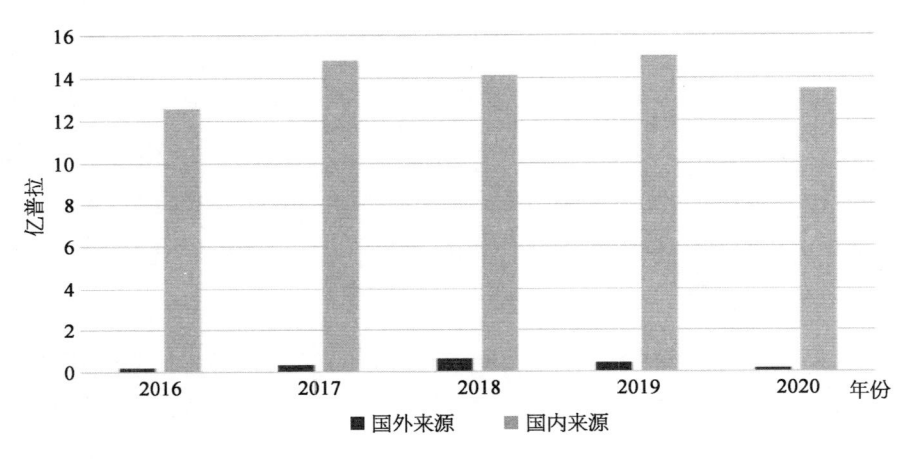

图3-1　截至2020年3月31日年度发展基金的国内外来源数额

2. **主要产业**　博茨瓦纳以采矿业、畜牧业和新兴的制造业为支柱产业,旅游业较发达。矿产资源较为丰富,主要矿产资源有钻石、铜镍、煤、苏打灰、铂、金、锰等。其中,钻石储量和产量均居世界前列。从20世纪70年代中期起,采矿业取代畜牧业成为博茨瓦纳国民经济的主要部门[5]。2019年博茨瓦纳矿业产值300.81亿普拉,占GDP的15.25%,是世界主要毛坯钻石生产国之一。博茨瓦纳农业较为落后,畜牧业

---

① https://www.ceicdata.com/zh-hans/botswana/trade-balance.
② https://www.ceicdata.com/zh-hans/botswana/trade-balance.

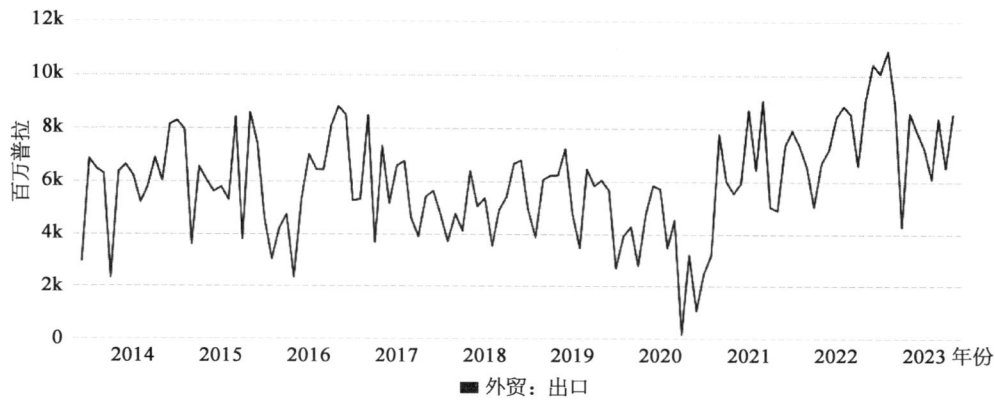

图 3-2　截至 2023 年 5 月 1 日博茨瓦纳年度对外贸易：出口

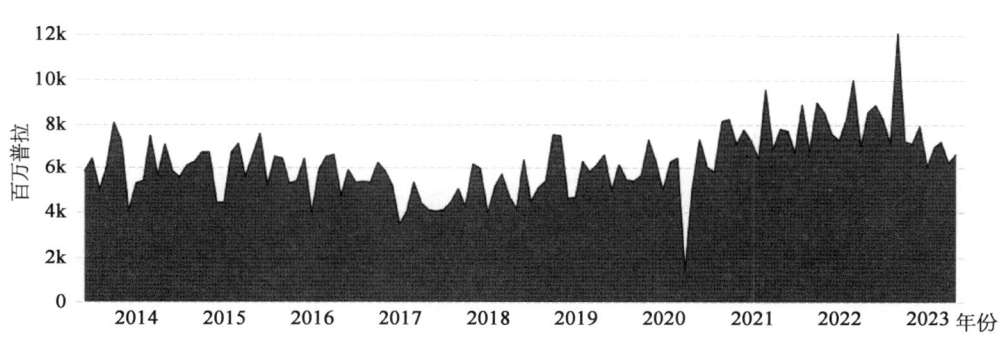

图 3-3　截至 2023 年 5 月 1 日博茨瓦纳年度对外贸易：进口

占农业产值的 70%，是农民的主要收入来源。畜牧业以养牛为主，养羊为辅。近年来，博实施产业多元化举措，促进制造业发展，2019 年制造业产值为 103.52 亿普拉，占国内生产总值的 5.2%。旅游业现为博第二大外汇收入来源，是经济多元化战略的重点发展产业。20 世纪 90 年代以来，博旅游业持续增长。

3. **对华贸易**　中博贸易始于 1982 年，初时年贸易额仅 30 万～50 万美元。1986 年 9 月，中博两国政府签订了贸易协定。2000 年以来，中国对博茨瓦纳出口贸易增长较快，年平均增长率达到 25%[5]。根据中国海关总署统计，2021 年中博双边贸易额为 4.3 亿美元，同比增长 32.6%，其中，中方进口 1.7 亿美元，同比增长 97.3%，出口 2.6 亿美元，同比增长 8.5%。2022 年，中博双边贸易额为 6.20 亿元人民币，同比增长 45.1%，其中中国出口额为 2.21 亿元，同比减少 13%，进口额为 3.98 亿元，同比增长 130.7%。中方主要出口纺织服装、机电产品、高新技术产品等，主要进口钻石（表 3-1）。

表 3-1 2012—2022 年中博贸易总额(单位:万美元)

项目\年份	2012	2013	2014	2015	2016	2017	2018	2019	2020	2021	2022
总额	29 964	34 300	39 300	36 665	27 138	26 600	29 592	31 861	32 318	42 745	61 972
中出口	18 157	14 800	17 600	22 637	20 924	23 300	28 169	30 148	23 569	25 474	22 134
中进口	11 808	19 500	21 700	14 028	6 214	3 400	1 423	1 713	8 749	17 271	39 838

数据来源:中国海关总署。

二、医疗健康保障体系

(一) 基本情况

博茨瓦纳实行免费医疗制度,公共卫生系统由转诊医院、保健诊所和流动保健中心组成。博茨瓦纳通过公共医疗系统向所有公民提供全民医疗保健,但也存在私人经营的医疗保健供给。政府管理 98% 的医疗设施。博茨瓦纳公民可到国内各地公立医院接受全部免费治疗,即患者只需交纳 5 普拉挂号费,检查、药品、治病的医疗费、住院费以及住院期间的伙食费均由医院免费提供。如患者所患疾病无法在博茨瓦纳医院医治,可转往南非的医院治疗,由此发生的一切费用由博茨瓦纳有关医院承担。首都哈博罗内有一家大型公立医院、两家大型私立医院及多家诊所可以提供急救及医疗服务,药店遍及各商业区。博茨瓦纳有多家医疗保险机构,为当地民众和来博茨瓦纳的外国人提供服务,按服务项目不同每月一般收费 300~600 普拉。博茨瓦纳 2020—2021 年财政年度经常性预算中,用于公共医疗卫生领域的预算投入占预算总额的比重为 15.6%,仅次于国防和教育。根据世界银行统计数据,2020 年博茨瓦纳平均预期寿命为 69.79 岁。

(二) 医疗管理机构

博茨瓦纳的卫生部门受《公共卫生法》管制。无论是公共部门还是私营部门,专业人员都须由专业委员会根据《医疗、牙科和药学法》和《护士和助产士法》认证,除了专业认证外,卫生部还负责通过公认的标准对私人设施进行登记。药品监管主要依据《药品和相关物质法》的规定。

(三)医疗机构

1. **公立医疗机构** 博茨瓦纳公立医疗机构包括诊所和医院。诊所主要提供初级保健和门诊服务,包括普通会诊、伤害和轻病治疗,并将严重病例转介医院。一些诊所可以提供诊断服务。大型诊所和设有产科病房的诊所提供大部分基础服务。诊所于平日早上七时三十分至下午四时三十分开放,并有一名护士在工作时间、周末及假期随时候召。一些诊所24小时营业。博茨瓦纳的医院提供广泛的保健服务。医院是医疗服务体系中的转诊点。它们为该地区的诊所提供患者治疗、住院护理,以及专家服务和支援。医院为大量患者提供临床服务,通常配备合格的人员。卫生部经营着三种类型的医院,区别在于其提供的服务类型和水平。初级医院是综合性医院,配备了应对大多数疾病、伤害和直接威胁健康的设备。地区医院是主要的地区卫生设施,配备了更多的床位,能够处理重症和长期护理。转介医院为专门的医院和卫生设施,应对专门的疾病、医疗需求和护理,主要包括精神护理、康复服务、肿瘤与癌症服务、听力学服务、妇产科。医院的服务时间为平日上午七时三十分至下午四时三十分,医生可随时待命,以应付紧急情况。医院24小时运作。在诊所和医院,当地人一般咨询费用为5普拉,5岁以下的儿童和65岁以上的老年人不支付咨询费。截至2018年,博茨瓦纳拥有广泛的保健设施网络(包括医院、诊所、卫生站、流动诊所)。总共有101个诊所可供住院患者使用,171个诊所设有床位,另外还有338个卫生站和844个流动诊所。

2. **私立医疗机构** 博茨瓦纳有数十家私立医院,如生命私人医院、博卡莫索私人医院、福迪松私人医院、三角洲医疗中心、古马雷私人医院、毛恩私人医院、城市医疗中心私人诊所等。政府可支付国外转诊患者的医疗费用。

(四)医疗社会保障情况

1. **公共医疗保险计划** 该计划是非强制性的公共医疗保险,参加博茨瓦纳公共医疗保险的公民自费医疗支出费用很低。但博茨瓦纳的保健服务仅限于首都哈博罗内和该国其他城市,包括位于该国东部、靠近津巴布韦边境的弗朗西斯敦。城市以外的紧急和专门保健服务有限,农村地区几乎不存在。

2. **商业保险** 在基础社会医疗保险之外,博茨瓦纳公民可以自主投保多重商业医疗保险。根据非洲工商业研究组织 WOW(Who Owns Whom)数据,2018 年,保险业对博茨瓦纳经济的贡献率为 3.5%。保费总额从 2017 年的 41 640 万美元增至 2018 年的 48 550 万美元,增长了 8%。南非的保险公司和银行在博茨瓦纳的保险业中占有重要地位。2018 年,博茨瓦纳寿险业在总资产和总毛保费方面继续占据最大的市场份额。

三、传统医药的法律与政策环境

(一) 医师执业

博茨瓦纳在哈博罗内健康教育部建立了一个关于传统医药补充与替代医药的专家委员会。该国没有关于传统医药补充与替代医药的国家政策,但目前正在制定当中[6]。

(二) 药品准入

2013 年博茨瓦纳议会出台的《药品和相关物质法》(*Medicines and Related Substances Act*)对药品和相关物质的销售、分销、进口、出口、制造和分配以及附带事宜的注册和监管作出规定,其中包括对草本药物、植物、顺势疗法和阿育吠陀医学药物等植物类药物的规定。药品监督管理局(Medicines Regulatory Authority)确保在博茨瓦纳制造、进口或出口的所有药品和相关物质均已注册,以及制造、推广、采购、储存、分销和销售药品的人员、场所和做法符合规定的行为准则和其他要求;对药品进行取样,建立实验室或其他设施,对药品进行检验和分析,确定是否符合质量标准,并检查私营药品质量控制实验室。在适当评估后,授予、更新、暂停或取消药品的销售授权。

(三) 传统医药教育

前中国赴博茨瓦纳医疗队成员、现博华助中心工作人员周或在接受记者采访时说:"博茨瓦纳当地没有完善持续的医学生培养体系。与当地医生相比,中国医生的专业水平要更高一等。如今已有十余名中国医生在医疗队任期结束后,取得博医疗机构营业执照,留在当地开办诊所。"

(四)保险覆盖

博茨瓦纳公共医疗保险尚未覆盖中医药等传统医药产品及医疗服务,部分商业保险覆盖传统医药服务。

(五)医药投资

博茨瓦纳外商医药投资开放,医药投资单项数据目前尚不明确。博茨瓦纳鼓励私营部门独立投资或通过 PPP 模式参与基础设施项目的开发和现有基础设施的维护,并将为之复审立法环境和相关政策,为实施推广 PPP 模式创造条件。中国在博茨瓦纳的投资项目主要是酒店、矿业、农业、承建道路等项目。截至 2018 年底,中国企业对博直接投资存量 3.3 亿美元。2019 年,中国企业对博直接投资额为 107 万美元。截至 2020 年底,我国在博新签承包工程合同额 5.79 亿美元,完成营业额 1.94 亿美元。2020 年,我国企业对博直接投资流量为 2 655 万美元。2021 年,中国企业对博直接投资流量为 1 401 万美元(图 3-4)。

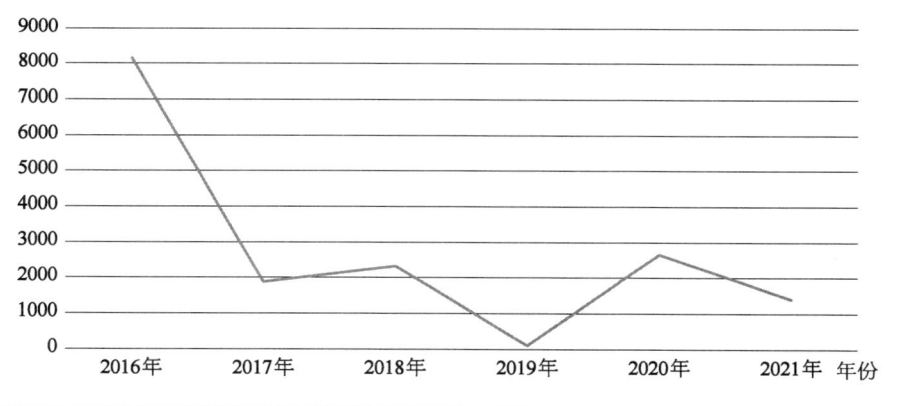

图 3-4 2016—2021 年中国对博茨瓦纳非金融类直接投资情况(单位:万美元)

四、中医药服务贸易双边合作现状

（一）传统医药交流历程

1975年1月6日,中国与博茨瓦纳建立外交关系。1981年,由福建省多家医院骨干组成的一支13人医疗队来到博茨瓦纳朱比利医院,至今中国共派出16批医疗队,医疗人员总计约511人次。第16批医疗队由46名队员组成,于2020年9月19日抵博,成为博茨瓦纳医院的骨干力量,分别在哈博罗内的公主玛丽娜医院和弗朗西斯敦的仰加奎转诊医院执行为期2年的援外医疗任务。医疗队中有中医师、针灸师,有助于博茨瓦纳人民了解中医,体验中医的防病保健和治疗效果。公主玛丽娜医院院长霍帕曼表示,中国医疗队不仅带来了高水平的医疗技术和专业知识,还通过临床教学和学术讲座培训了大量当地医务人员,极大弥补了博医疗人才缺口。仰加奎转诊医院病患麦纳玛表示,"中国医疗队的医生非常专业,他们拥有一流的医术,对待病患的方式也令人感到温暖"。2021年10月5日,博茨瓦纳主流媒体《周末邮报》刊登该报主编卢特撰写的评论文章《中国医疗队助博走向全民健康》[7]。他通过多角度深入采访博医疗卫生机构、当地被医治病患和中国援博医疗队队员,以感人的案例和详细的数据全面呈现出"不畏艰苦、甘于奉献、救死扶伤、大爱无疆"的中国援外医疗队精神和中国帮助包括博茨瓦纳在内的广大非洲国家共同构建卫生健康共同体的切实举动。文章强调,博中两国自1975年建交以来始终平等互利、相互尊重,随着两国友好关系不断发展,博茨瓦纳人民从双边合作中获得了实实在在的好处;博应该深化与中国医疗队的交流合作,学习中方在医疗卫生领域的先进经验,通过加大资金投入、改革医疗培训制度、推进国际医疗合作等方式,进一步提高本国医疗卫生水平。

（二）境外消费

博茨瓦纳的医疗条件在非洲地区属于相对较好的水平,同时境外就医需要考虑一系列因素,如签证手续、语言沟通、文化差异和旅行安排等,因此国民来中国就医人数较少,无境外消费统计数据。

(三)跨境交付

博茨瓦纳互联网普及程度有限,未能形成云诊断、云治疗的平台体系。暂无跨境交付数据。

(四)商业存在

截至 2021 年,博茨瓦纳尚未有专门的中医医院、中医中心或中博合作建设的中医医疗机构。

(五)自然人流动

有中医技术人员往来,如我国派遣医疗队为博茨瓦纳提供免费中医医疗服务,目前一共已派出 16 支医疗队。

中博服务贸易大事记见表 3-2。

表 3-2 中博服务贸易大事记

时间	事件	意义
2012 年 4 月 11 日	中博两国签署《中华人民共和国与博茨瓦纳共和国政府对所得避免双重征税和防止偷漏税的协定》,该协定已于 2018 年 9 月生效	避免中博贸易商品双重征税和防止偷漏税
2018 年 8 月	中博签署《中华人民共和国政府与博茨瓦纳共和国政府经济、贸易、投资和技术合作谅解备忘录》	双方为两国间的商品交换提供便利,在尽可能平衡的基础上促进双边贸易
2019 年 7 月 4 日	中国驻博茨瓦纳大使和博财政与经济发展部长分别代表中博两国政府签署《经济技术合作协定》	围绕中非合作论坛北京峰会"八大行动",推动实施一系列务实合作项目,促进博经济发展和就业增长
2021 年 1 月 7 日	中国和博茨瓦纳签署共建"一带一路"谅解备忘录	为两国深化互利合作、拓展新领域、开辟新前景提供新机遇,助力博基础设施建设和国家现代化进程,更好造福两国人民

续 表

时间	事件	意义
2021年5月21日	中国驻博茨瓦纳大使和博茨瓦纳财政部长分别代表中博两国政府签署《中博经济技术合作协定》	加强博中友好关系和经济合作，进一步推动双边互利合作不断取得新成果

五、市场机遇与潜力

（一）中医药在博资源丰富

博茨瓦纳地区天然药物资源丰富，可从当地采摘并应用，且中药制药工艺简单、价格低廉、功效优良，合理的开发与利用可确保中药不间断供应，极大地减轻了当地药品供应压力。

（二）中医药为博提供便利

中医艾灸、针灸等治疗手段设备简单，便于运输与使用，在地广人稀的博茨瓦纳相较于其他就医方式更为便利，可以避免患者为就医而长途跋涉，促使中医药更加广泛地服务民众，守护当地民众的生命健康。

（三）中博自贸协定前景广阔

自1981年第一批援博茨瓦纳医疗队起，中国迄今共派遣16批医疗队、511人次专业医务人员，累计诊治患者276万人次。医疗队不仅在当地治病救人，且开展相关医疗卫生知识普及、医疗人才培养等带教工作，为博茨瓦纳的医疗卫生事业发展作出了巨大贡献。2020年9月正值博新冠病毒感染疫情高峰期，第16批援博医疗队白衣执甲、逆行出征，对受到疫情严重冲击的博医疗卫生事业给予有力支持。

时任博茨瓦纳总统马西西在访华期间表示，"博茨瓦纳独立以来，一直同中国保持友好关系,博茨瓦纳人民感谢中方长期以来在基础设施建设、医疗、民生等领域给予的宝贵帮助""赞同构建人类命运共同体伟大理念,支持'一带一路'倡议,致力于拓展双方在中非合作论坛框架下合作"。因此,在"一带一路"倡议下,博茨瓦纳尽力支持中国在当地开展各项工作[8]。

(四)创造中医药国际合作的新局面

中国与博茨瓦纳进行中医药国际合作有助于改善博茨瓦纳的医疗卫生状况,有利于中医药文化在非洲国家的推广,有益于博茨瓦纳了解认识、开发利用中药资源,并利用当地的中医药资源改善医疗卫生条件,同时能够促进中医药的国际化及丰富当地文化与教育、解决就业等,促进当地多方面发展,创造中医药国际合作的新局面[8]。

六、风险提示

(一)医疗条件落后

由于公办医院医疗条件有限、医保覆盖面较小且发展水平较低、医疗管理落后等原因,博茨瓦纳医疗卫生条件极度落后,大部分地区面临疾病多发、药物短缺、医疗器械缺乏的问题,博茨瓦纳人民无法享有良好的医疗资源,其中非传染性疾病是主要挑战,导致其社会经济发展遭受着严重威胁。此外,博茨瓦纳虽然天然药物资源丰富,但当地缺乏对药用资源价值的相关认识,存在不同程度的浪费及无意识破坏现象,更缺乏天然药物资源开发与利用的能力[8]。

(二)中医药教育体系不完善

目前,博茨瓦纳的中医诊所主要由在博华人开设,其教育模式主要为以师带徒、家族传承。在中医药不断现代化的今天,这种模式缺乏完善的中医药教育体系,使当地中医理论知识及实验能力相对落后,缺乏系统的现代中医药理论知识[8]。

(三) 周边战争风险

尽管博茨瓦纳环境安全,无战乱发生,但周边国家内部政局不稳定,时常发生内乱、战争,可能影响国家边境安全。如津巴布韦恶性通货膨胀严重、经济落后,常年战乱,且近年政局动荡,造成人民严重伤亡。

七、案 例 分 析

(一)"中医关怀计划"服务博茨瓦纳华侨华人[9]

【所在地区】 博茨瓦纳哈博罗内市。

【案例概述】 2018年11月24日—25日,由中国安徽省侨办主办、安徽中医药大学和博茨瓦纳哈博罗内华助中心承办的"中医关怀计划"健康咨询活动在博茨瓦纳首都哈博罗内市举行,中医专家为当地华侨华人提供了中医诊疗服务。此次到访博茨瓦纳的中医专家有五位,涉及骨科、康复科、妇科等,仅24日一日他们就为近百名在博华侨华人进行了诊疗,有的患者驱车200多千米前来看病。中医专家表示,有的患者在当地有语言障碍,平时看病不方便;有的患者甚至在出现症状后两年都没去看医生。当日来看病的患者患颈椎病、腰椎病比较多。在博华侨华人均表示,这样的活动非常好,感谢国家对海外游子的切实关怀。

此次活动服务侨胞、惠及大众,既让海外游子感受到了国家的切实关怀,又在博茨瓦纳推广了中医药。

(二) Sidilega 私立医院①

【所在地区】 博茨瓦纳哈博罗内市。

---

① 非洲侨网[EB/CD].http://www.qiaowang.org/m/view.php?aid=7680.

【案例概述】 由中域矿业投资有限公司、Medigroup投资(私人)有限公司以及塔希提投资(私人)有限公司合资建设的Sidilega私立医院是博茨瓦纳投资贸易中心(BITC)的认证公司。Sedilega私立医院为综合性医院,土地面积1.5万平方米,第一期建筑面积为1万平方米,二期逐步增加停车区域、办公楼、职工宿舍等附属基础设施建设,项目投资合计2亿5 000万普拉。落成之后的Sedilega私立医院,设有内科、外科、妇产科、儿科、眼科、耳鼻咽喉科、急诊科、检验科、影像科、24小时药房、手术室及麻醉科等科室。

Sidilega私立医院的建成,见证着在博华人对社会公共卫生事业的热忱、对人类健康的奉献,也见证着全新私人定制式的一对一服务医疗体制在博茨瓦纳乃至整个南部非洲的推行。该医院将在这一代以及下一代的当地劳动就业方面发挥重要作用。这也是博茨瓦纳乃至南部非洲地区私人医疗设施发展的一个里程碑,以及博茨瓦纳医疗卫生行业的补充、支持和进步[10]。

八、结论与建议

(一)促进中国传统医药及中医适宜技术在博初级保健诊所成为"常驻嘉宾"

中医适宜技术指安全、有效、成本低廉、简便、易学的中医药技术,包括灸法治疗、针法治疗、手法治疗等。在医疗条件落后、药物短缺、医疗器械缺乏的博茨瓦纳,这些医疗手段更易获得,也不依赖昂贵设备,通过宣传和培训,人们可以自我保健,提高人们的生活质量。同时博茨瓦纳的医疗分级制度完善,可以依托初级保健诊所来为人们提供保健服务。通过医疗援助队伍进行对口帮扶,定期走进当地学校及医院普及中医药文化知识,如发放中医药知识宣传页、保健宣传手册,通过问卷形式测试中医体质,使更多的博茨瓦纳人民认识中医药、使用中医药,将中医药文化融入当地人民的日常生活中。

(二)设立高水平中医药人才教育专项工作组

博茨瓦纳医疗卫生条件落后,其中非传染性疾病治疗水平一般,是主要的致命因素,慢性病管理建设欠佳,而中医药在慢性病治疗方面疗效显著。可以通过中医药医疗人才带教当地医疗人民建立慢性病管理系统等,定期为当地中医师开设中医药教育课程,提高当地中医师的医疗技术,进一步发挥中医药的特色优势,为博茨瓦纳中医药事业发展和守护当地人民健康作出更大的贡献。

(三) 开展实地调查,促进中药产业发展

通过调查当地市场中成药及中药材的相关基本情况,以及开展中药资源实地考察,了解影响当地中药资源开发和利用的因素,探索制约中药行业发展决定性因素及其解决方法,获取博茨瓦纳的中药资源情况,开展天然药物资源调查、中药鉴定、中药产品开发等工作,立足中药材产业发展实际,突出重点、明确路径、精准发力,积极推动中医药产业发展,推动博茨瓦纳中药资源的可持续发展[8]。

(王蓓蕾)

参考文献

［1］中华人民共和国驻博茨瓦纳共和国大使馆经济商务处.博茨瓦纳国家概况［Z］.2019－06－14.

［2］中华人民共和国驻博茨瓦纳共和国大使馆经济商务处.博茨瓦纳风俗［Z］.2008－01－10.

［3］国家国际发展合作署.博茨瓦纳国家概况［EB/CD］.http：//www.cidca.gov.cn／2023-04/06/c_1211965070.htm？eqid＝de78d0060000906b0000000464741469.

［4］新华非洲.中国驻博茨瓦纳大使馆举行庆祝中博建交45周年暨2020新春招待会［EB/CD］.https：//www.sohu.com/a/368595761_201960.

［5］中华人民共和国驻博茨瓦纳共和国大使馆经济商务处.中国政府援助博茨瓦纳抗疫物资抵博［Z］.2020－06－03.

［6］陈士林.非洲各国传统医药概述［J］.亚太传统医药,2006(5)：75－87.

［7］澎湃新闻.博茨瓦纳媒体：中国医疗队助博走向全民健康［EB/CD］.https://m.thepaper.cn/baijiahao_14816590.

［8］陈焕鑫,邱潮兵,王羚郦,等."一带一路"倡议下中国-博茨瓦纳中医药国际合作路径探索［J］.亚太传统医药,2020,16(1)：1－2.

［9］新华网."中医关怀计划"服务博茨瓦纳华侨华人［EB/CD］.http：//www.xinhuanet.com/world/2018-11/25/c_1123763800.htm.

［10］非洲华侨周报.Sidilega私立医院破土动工 有望显著提升博茨瓦纳医疗水平［EB/CD］.https：//www.sohu.com/a/137296719_617282.

第四章 刚果民主共和国

一、政治与经济环境

(一) 基本国情

刚果民主共和国[The Democratic of the Congo,以下简称"刚果(金)"],前身为刚果共和国,即刚果(利),经两次民族化运动,其中经历了蒙博托时代、扎伊尔共和国,后由卡比拉推翻政权,于1997年形成现今的刚果民主共和国。刚果(金)位于非洲中部,首都为金沙萨(Kinshasa),国土面积达2 344 885平方千米,人口约1.023亿人(2023年)[1],人口密度为41人/平方千米(2021年)。2016年2月完成行政区划调整,原11个省被划分成26个省。刚果(金)共有254个民族,分属班图、苏丹和尼洛特三大语系,其中刚果族属班图语系,为全国第一大族。法语是该国的官方语言,官方承认的民族语言为林加拉语(Lingala)、斯瓦西里语(Swahili)、基孔果语(Kikongo)和契卢巴语(Kiluba)。宗教信仰方面,大约50%的居民信奉罗马天主教,而20%则信奉基督教新教,10%信奉伊斯兰教,其余居民则持有各种不同的本土原始宗教信仰[2]。刚果(金)历史文化较为悠久。其丰富多彩的民间文艺,包括精美绝伦的铜雕、栩栩如生的木雕和别具一格的面具等,堪称世界艺术宝库中的珍品。

(二) 政治环境

1. 政治制度 刚果(金)现国体为半总统制度①,但自独立60多年来,政治发展历程充满变数。2006年2月18日,时任总统卡比拉颁布了《新宪法》。宪法规定:国家机构由总统、政府、国民议会、参议院和法院组成。总统为国家元首、三军统帅,由普选产生,任期5年,可连任一届。现任总统为费利克斯-安托万·齐塞克迪·奇隆博(Félix-Antoine Tshisekedi Tshilombo),于2019年1月24日正式就职,任期5年,并在

---

① 半总统制为总统掌握着全国最高行政权力,国会有立法等主要权力,不能利用不信任案迫使总统辞职。

2024年成功连任。总理为政府首脑,政府与总统共同制订国策,政府是国策执行的主要负责机构。现任总理为朱迪丝·图卢卡·苏米努瓦,2024年6月12日正式就职。政府对议会负责,国民议会可对政府成员提出不信任案;总统有权解散议会。司法权独立于立法和行政权,由宪法法院、最高法院、行政法院、民事法庭、军事法庭和检察院组成。1990年4月实行多党制后,曾涌现出400多个政党。洛朗·卡比拉执政期间曾一度禁止政党活动。2001年5月,时任总统约瑟夫·卡比拉颁布"政党和政治团体组织活动法",正式解除党禁,同时规定各党需重新登记。截至2023年7月,在刚果(金)内政部注册的政党为910个。主要政党为民主与社会进步联盟、争取重建与民主人民党、为公民和发展而战斗党等。

2. 外交特点 刚果(金)奉行独立自主的外交政策,坚决反对外部的干涉,主张睦邻友好,倡导在互相尊重主权和领土完整的基础上,与世界各国建立互利互惠的友好合作关系。此外,刚果(金)积极参与并推动地区经济和安全合作,是中部非洲国家经济共同体、南部非洲发展共同体、东非共同体、东部和南部非洲共同市场成员国[2]。

3. 中刚关系 1960年6月30日,刚果共和国独立,周恩来总理和陈毅外长分别致电卢蒙巴政府表示祝贺和承认。1961年2月19日,中国承认基赞加政府为刚唯一合法政府,2月20日,两国建交。刚果(金)1964年改国名为刚果民主共和国,1971年改国名为扎伊尔共和国。1972年11月19日,中国发布《关于中华人民共和国和扎伊尔共和国国家关系正常化的联合公报》,并于11月24日,中扎两国实现关系正常化。1997年5月,洛朗-德西雷·卡比拉总统上台后,恢复"刚果民主共和国"国名。中刚两国在各个领域的友好合作关系继续巩固和发展。两国自1982年起开展互利合作,2011年两国签署《双边投资促进和保护协定》,2016年6月刚果(金)议会批准生效。

1973年中方开始向刚果(金)派遣医疗队。1997年因刚局势不稳,中方医疗队撤回。2006年中方决定复派医疗队。截至2023年2月,中国已派出21批医疗队,共计545人次。援外医疗队员诊治患者400多万名,实施手术10万多台,为刚果(金)培养医务工作者1 200余名。根据中刚两国政府协议,第21批援刚果(金)医疗队由21人组成,于2022年8月组建,完成了为期5个月的出国前培训,培训内容涉及法语、涉外知识、心脏急救、新冠疫情防控、安全防护等。

(三) 经济环境

1. 经济概况　刚果(金)经济较为落后。据刚果(金)中央银行统计,2003年刚果(金)大幅调整经济政策,推行市场经济,放松经济管制,宏观经济状况逐步改善。2006年12月,新政府继续奉行稳健的经济政策,并启动国家重建计划和"五大工程",宏观经济继续保持恢复性增长。其流通货币为刚果法郎(Franc Congolais, FC),对美元汇率为1 989∶1(2022年数据)。2017年刚果(金)实现财政收入8.8亿美元,财政支出8.66亿美元,财政盈余0.13亿美元。2018年,刚果(金)财政收入约为44亿美元,财政支出约为43亿美元,盈余约1亿美元。2022年GDP约为523.47亿美元,人均566.5美元,经济增长率为5.7%[2]。

刚果(金)的经济以农业和采矿业为主导,但加工工业相对不发达,粮食不能自给。该国面临沉重的外债负担,主要债权机构包括巴黎俱乐部、国际货币基金组织和世界银行[2]。2010年7月1日,国际货币基金组织和世界银行宣布刚果(金)达到重债穷国减债倡议完成点,截至2011年底,减免111亿美元债务。

2. 主要产业　刚果(金)农业、采矿业为支柱产业。近年来主要矿产品产量如表4-1。

表4-1　2016—2019年刚果民主共和国矿产品产量

矿产品＼年份	2016	2017	2018	2019
铜(吨)	1 023 687	1 141 376	1 239 058.72	1 420 386
钴(吨)	68 822	90 319	111 713.2	77 964
钻(千克拉)	16 899	16 899	15 789	15 523
黄金(千克)	30 178	31 592	3 6776.93	34 657

资料来源:刚果(金)中央银行、矿业部。

刚果(金)农业落后,2019年产值占国内生产总值的19.7%。全国可耕地面积约8 000万公顷,早期曾开垦耕地600万公顷。近年来主要经济作物产量如表4-2。

表4-2 2013—2016年刚果民主共和国经济作物产量(单位:吨)

经济作物 \ 年份	2013	2014	2015	2016
咖 啡	8 629	10 406	9 148	11 413
可 可	1 639	1 396	1 401	1 389
橡 胶	1 012	1 075	1 346	1 324
棕榈油	9 543	13 113	13 423	13 339

资料来源:刚果(金)中央银行。

3. 对华贸易　近年来,随着刚果(金)国内局势恢复稳定,中刚双边贸易总体呈增长势头。据中国海关统计,2022年1月—12月,中国向刚果(金)贸易出口额为51.17亿美元,进口额为167.81亿美元。其中,12月出口额上季度同比增长7.6%,进口额同比增长-5%。中国对刚果(金)出口商品主要类别包括机电产品、高新技术产品、纺织品、钢材、汽车和鞋类产品等。中国从刚果(金)进口商品主要类别包括未锻轧铜材、原木、铜矿砂及其精矿和天然乳胶等。中刚双边贸易统计额见表4-3。

表4-3 2013—2022年中刚双边贸易统计(单位:亿美元)

年 份	进出口总额	中国出口	中国进口
2013	37.20	9.50	27.70
2014	41.84	13.62	28.22
2015	40.59	14.13	26.46
2016	30.81	9.92	20.89
2017	42.35	9.72	32.63
2018	74.36	17.74	56.61
2019	65.05	20.77	44.28
2020	90.43	20.13	70.30
2021	144.33	27.54	116.79
2022	218.98	51.17	167.81

资料来源:中国海关总署。

二、医疗健康保障体系现状

(一) 基本情况

刚果(金)的医疗保障设施非常落后,人类发展指数全球排名第 176 位(共统计 189 个国家和地区)。其城市和农村、金沙萨和其他地区卫生服务覆盖面很不平衡,大部分卫生服务集中于金沙萨。

刚果(金)是各种传染病高发的国家,包括埃博拉出血热、艾滋病、疟疾、麻风、肺结核、霍乱、昏睡病、伤寒、血吸虫病等多种高死亡率的疾病[2]。其中,2014 年 8 月下旬在赤道省爆发的埃博拉疫情共出现 66 个感染病例,49 人死亡。该疫情已于 2014 年 11 月 15 日经世界卫生组织确认后宣布解除。2017 年,由于面临卫生条件差、缺少清洁水源的问题,刚果(金)有超过 5.6 万例霍乱疑似病例,造成 1 100 多人因感染霍乱而死亡[3]。

据世界卫生组织统计,2019 年刚果(金)全国经常性医疗卫生支出占 GDP 的 3.5%。据刚果(金)国家统计局及刚果(金)中央银行等部门 2019 年统计资料显示,2019 年刚果(金)人口年自然增长率为 3.07%,贫困率为 63.4%,平均寿命 51 岁。

(二) 医疗管理机构

2018 年 12 月,刚果(金)总统签署新综合公共卫生法,废除并取代了 1920 年的殖民法律,该法于 2019 年 3 月 13 日正式生效。刚果(金)医疗补贴制的试行开非洲之先河,即在刚果(金)从事投资合作的各类企业,在雇用、解聘和社会保障等方面,必须严格按照《劳动法》的相关规定,与员工签订雇用合同,按时足额发放员工工资和缴纳社保基金及医疗保险金[4]。其卫生系统分为中央、省及农村三级。在执行层次(农村),共有 516 个保健区,各区通常有 10 万~20 万人口,有一个地区小组管理保健中心网络和一个地区医院。中级水平的卫生机构(省级)负责技术和后勤支持,由省级卫生部门管理,截至 2015 年,其数量从 11 个增加到 26 个。中央一级具有规范性作用[5]。刚果(金)私有部门、宗教组织和一些非政府机构管理着许多卫生中心和一半的医院。

(三)医疗机构

1. **公立医疗机构**　截至2015年,刚果(金)新建或修复综合医院132个,并配备相关设施。但仍是"僧多粥少",无法满足国家整体的医疗需求。由于国家政治不稳定性因素的存在,各机构管理机制混乱,无法保障医疗的有效性和先进性。自2017年起,接连出现的寨卡病毒疫情、埃博拉病毒疫情、新型冠状病毒感染疫情及脑膜炎疫情等,对于刚果(金)原本薄弱的公共医疗机构产生连续冲击。

2. **私立机构**　目前刚果(金)境内私立医疗机构的先进性及卫生程度都高于公立医疗机构。位于首都金沙萨以东1 000千米的伊桑吉医院是比利时殖民政府于1926年建造,是刚果(金)约518家私立医院之一[6],其中80%的私立医院建于殖民时期,由宗教组织管理。该院设施较好,但收费昂贵。目前,中国第22批援刚果(金)医疗队正在位于金沙萨市郊区中国援建的中刚友谊医院执行援外医疗合作任务,主要专业科室有外科、内科、骨科、妇产科、中医科等。

(四)医疗社会保障情况

1. **国民社区医疗保险**　社会保险由国家社会保障研究所(L'Institut National de Sécurité-INSS)负责。根据《劳动法》规定,劳动者应缴纳的社保费用为其基本工资的18%,其中13%由雇主缴纳,5%由员工自己承担。男女性均为65岁退休以后领取社保津贴。工伤及职业病经鉴定和认可,也可以享受社会保险。员工医疗保险费用由雇主承担。一般来说,由雇主与合作医院签署医疗保证协议,员工及其家属在合作医院享受免费医疗。

2. **商业保险**　刚果(金)国家保险公司是该国目前唯一的保险机构。由于各种原因,该保险机构在当地的信誉度不高,保险业发展尚处于较低水平。世界知名会计师事务所——安永会计事务所(Ernest & Young)曾受刚果(金)政府委托对其金融保险行业营商环境进行研究。根据其研究结果,刚果(金)当时拥有7 500万人口,具有调动近5亿美元的可能性,但其保险市场发展极为落后,普及率仅0.4%,低于周边国家1.5%的平均水平。故可得出结论,极少数刚果(金)国民购买医疗商业保险。

三、传统医药的法律与政策环境

(一) 医师执业

刚果(金)颁布了关于传统医药/补充与替代医药的国家计划。

该国无关于中医医师执业的执照与考核规章。

(二) 药品准入

刚果(金)国内使用《欧洲药典》。生产和进口的法律要求与该药典和药材标准中的要求相一致。《药品生产质量管理规范》(*Good Manufacturing Practices*, GMP)适用于草药产品的生产,但在实施方面并无相应的监管机制。对于草药安全评价的法律要求与西药一样,要求在草药的使用上没有被证明的有害作用,并参照类似产品的科研文献。

2015年,刚果(金)卫生当局以"不遵守当地卫生法规"为由,禁止中国医院和医生从事中医工作。其卫生部部长Felix Kabange宣布关闭所有中医诊所,并指责中国的从业人员没有遵守当地卫生条例[7]。

(三) 传统医药教育

刚果(金)无正规官方的传统医药教育体系。刚果(金)的传统治疗师在宗教、性别和受教育程度等方面都不尽相同。他们中大多是从家庭成员处学习怎样治疗患者。约有50%的传统治疗师是全职从业。治疗过程中,占卜作为一种诊断工具多为男性治疗师所采用。

这些治疗师所用传统药材多为本地生长的野生植物。服用办法以单方煮汤为主,也有复方煮汤和鲜食的情况。该国对传统医药的开发和利用还停留在很原始的水平,只有在农村集市上才有传统药材出售,且数量少、加工粗糙、治疗规格没有保障、无卫生标准。

（四）保险覆盖

无保险覆盖。

（五）医药投资

据估算，2001年至2003年草药产品的市场增长率分别为25%、20%和30%。近年来的数据不明。

四、中医药服务贸易双边合作现状

（一）传统医药交流历程

1. **中医药学传入非洲**　早在公元3世纪时，中非就已有贸易往来。在唐朝时，双方贸易交往主要通过印度洋进行，一般采用间接的方式。中国的药材和非洲的香药在部分地区进行交流。据《宋会要》记载，宋朝政府通过市舶司由阿拉伯人运往非洲等地的中药材达60多种，如朱砂、人参、牛黄、茯苓、附子、胡椒等。元朝时，王大渊到过非洲，在他的著作《岛国志略》中记载了刚果（金）地区的香药史实，当时中医药学可能已传播到了那里。此时，中国的檀香、白芷、麝香等药材也大量出口，转手到达刚果（金）。到了明代，因海上丝绸之路的发展，中医药学更直接地传播到了非洲。

2. **非洲医药学传入中国**　中国和非洲的友好交往是从香药贸易开始的。唐代以前，非洲香药运往中国大部分都要由也门的希米亚尔人转手。其中以刚果（金）为主要原产地的乳香和没药在唐朝时开始被当作药物进入中国市场。后明代郑和下西洋时，也直接通过索马里等非洲沿海城市，获取中非包括刚果（金）在内的各种香药。

（二）境外消费

刚果(金)自1997年恢复"刚果民主共和国"国名后,出境游客逐年稳定攀升。出国学生人数比近年来稳定在1.2%[8]。暂无中医药相关境外消费数据资料。

（三）跨境交付

刚果(金)互联网用户占总人口的百分比自2011年起以40%的速率稳定上升。但截至2016年,互联网用户占刚果(金)总人口的百分比仅为6.2%。因互联网使用人数受限且国民经济不振等诸多原因,刚果(金)跨境交付水平极低。暂无中医药相关跨境支付数据资料。

（四）商业存在

目前在刚果(金)涉及主要医疗救援项目的医药贸易企业有北方国际集团天津医药保健品进出口公司、华北制药医药有限公司。暂无中医药相关商业存在数据资料。

（五）自然人流动

暂无中医药相关自然人流动数据资料。

五、市场机遇与潜力

（一）北京峰会推进中刚合作发展

2018年9月中非合作论坛北京峰会的成功召开,标志着中国与非洲国家合作的进一步加深。中国国家主席习近平在开幕式上提出了对非合作新举措,为未来中非合作的发展绘就了路线图。各中资企业要深入学习习近平主席讲话和"八大行动"有关内容，秉持真实亲诚理念和正确利益观，不断开拓创新，努力提升市场化、本土化、国际化水平，用实际行动推动中刚合作向更高水平发展。

（二）共同推进"一带一路"建设

2021年1月6日，时任国务委员兼外长王毅在金沙萨同刚果（金）国务部长兼外长通巴举行会谈。会谈后，双方签署了两国政府关于共同推进"一带一路"建设的谅解备忘录。王毅表示，"一带一路"是重要国际合作倡议，致力于促进各国发挥经济互补性，对接发展战略，形成发展合力，实现共同发展和繁荣。双方签署共建"一带一路"合作文件是向外界发出中刚致力于共同发展、共同繁荣的积极信号，将带动两国经济界进一步加强合作，为两国互利合作注入更强劲动力，为两国关系开辟更广阔前景。

六、风险提示

（一）政治风险

刚果（金）的政治环境向来复杂，社会治安较差。内战、抗议以及矿产商与政府的长期对峙都为刚果（金）的政局稳定带来不利影响。在美国经济与和平研究所编写的《2011年全球和平指数》中，刚果（金）被列为最具风险的10个非洲国家之一，即旅行和投资的高风险国家。在混乱的政局下，中国中医药资本不愿意进入当地，中医药自然人也不愿意前往刚果（金）执业。同时2015年起刚果（金）禁中医、禁草药的发言和规定大大打击了欲赴该国投资、行医相关人员的积极性。

（二）经济风险

刚果（金）是典型的资源输出型国家，经济基础薄弱，国家独立以来资源出口的状况没有根本改善，且全国的工业化程度较低。矿产开采和出口在该国国民经济中占有很高的地位。如2008年,刚农林牧渔矿业占GDP的50.7%,其中矿产业独占13.4%,而制造业仅占4%。同时从2008年起,受金融危机影响,刚果(金)的经济增速明显放缓,通货膨胀加剧,出口收入减少,失业率急速上升。至今,其经济仍处于一个相对萎靡的处境中,很难吸引国外资金的投入。中医药在刚果(金)的受众范围小,大额投资的经济风险高。

(三) 传统医药的特有风险

1. **市场占有率较低,存在明显的市场屏障** 刚果(金)政府和国民对中国医药标准和品牌的认可度不高,药房中无中国产品和器械。同时,刚果(金)前身为比利时的殖民地,其市场以西方医药为主,医疗机构和医生没有使用中国传统医药及制品的意识。

2. **市场空间有限** 中国医药的优势主要在于价格方面,多年来其在非洲市场一直采用价格竞争策略。中国药企的定价通常只有其他药品供应国家的1/3,整体价格水平相当于发达国家平均水平的35%,相当于新兴市场国家平均水平的55%[9]。这造成中国医药在非洲市场占据了较为边缘和低端的市场,竞争对手众多,而其市场发展空间有限。

3. **中国医药在刚宣传不佳** 因刚果(金)使用《欧洲药典》,要求医药产品进入市场之前需要有三年的临床试验。西方企业将大量经费投入于临床试验中,相比而言中国医药明显投入不足[10]。一种医药产品就是一种医药文化,中非间疗愈文化的巨大差异加大了中医药进入非洲市场的难度。中国传统医药通过阴阳五行和脏腑辨证来改善体质,与当地宗教文化及信仰不符,很难获取信任。此外,中国中医理论又难以用法语进行准确表述,增加了宣传及当地民众接受中医药的难度。

七、案例分析

(一) 金沙萨恩吉利综合医院

【所在地区】 刚果(金)首都金沙萨。

【案例概述】 首都金沙萨恩吉利综合医院是中国政府无偿援建的项目,总投资四千多万元人民币,包括四栋建筑和CT、彩超、生化分析仪等诊疗设备,是第三个中刚友好标志性建筑,对于密切两国外交关系有巨大作用。该医院建成后,中国时隔十年重新派出医疗队赶赴刚果(金)进行医疗支援,医院设有内科、妇科、外科、儿科、牙科、针灸、放射、麻醉等多个科别。由中国出资投资的医院公信力高,受到当地居民的认可和信任。金沙萨恩吉利综合医院的投资建设能够在刚果(金)人民心中树立中国友好形象,也能够对中国传统医药加以推广,弘扬中国传统文化。

(二)中国瑞辰集团刚果(金)瑞辰医院

【所在地区】 刚果(金)卢本巴希市中心。

【案例概述】 在刚第二大城市的瑞辰医院是一家集医疗、教学和预防保健为一体的大型综合性医院,现设有内科、外科、妇产科、中医科、眼科、五官科、皮肤科、肿瘤科、抢救室、手术室以及检验、放射、B超、脑电、ETC等多个临床医技科室。同时该院还承担了中国驻卢本巴希各企业务工人员的医疗保障任务及周边各国家地区的涉外医疗服务。医院拥有一大批中国医疗专家、学者和优秀的中青年医务工作者,技术力量雄厚,医疗设备先进,擅长治疗当地的流行病、传染病、疑难病症等。该院在非洲树立了自己的品牌形象,提升了知名度,日均就诊量在1 000人次。该医院于2018年在刚果(金)科卢韦齐市成立瑞辰医院分院,配备有更加齐全的设施及治疗环境。

(三)金沙萨五十周年医院

【所在地区】 刚果(金)金沙萨。

【案例概述】 该医院主体为比利时人在1954年殖民统治刚果(金)时建设,后由于刚果(金)独立而搁浅。2009年5月,作为华刚矿业公司合作协议中的第一批基建项目,该医院改造工程正式启动,造价9 987万美元,由中国水电二局负责施工。根据重新设计方案,该项目总建筑面积4万平方米,设有500个床位,配备了高压氧舱、CT、磁共振、胃肠镜、透析仪等先进诊疗设备,能够实施心脏外科、神经外科、器官移植等高难度手术,并可实施肿瘤放疗、血液透析等复杂病症治疗。按照公私合营模式,印度一家医疗机构负责医院落成之后的运营和管理。医院正式运营后,为刚果

(金)人民提供优质的医疗服务,一些疑难病症和大型手术不必再远赴国外进行治疗,为及时救治患者、降低治疗费用提供了可能。公私合营模式多国合作型医院的出现能够为刚果(金)人民提供优质的医疗服务,高水平医院的存在能够有效减少不必要的医疗费用。多国合作能够各取所长地为金沙萨地区提供医疗性帮助,但是也可能出现监管复杂等问题。

八、结论与建议

在刚果(金)发展中医药具有一定的投资风险。这主要表现在三个方面:首先是刚果(金)的政治不稳定。刚果(金)历史上存在较多激烈的国内政治角逐,且新上任的总统和总理尚未形成稳定的新政府,当前政治环境复杂、社会治安较差。其次是具有一定的经济风险。刚果(金)是典型的资源输出型国家,经济基础薄弱。国家虽以农业、矿产业为国民经济的主要组成部分,但是农业和矿产业的工业化和科技化的水平低。其单一的经济结构限制了刚果(金)对外的经济合作。再次是刚果(金)国内的医疗超过90%依赖外援和进口,国内没有对医院管理的细则及对主管部门进行约束,人均的医疗费用极低。医疗与宗教之间的界限对部分刚果(金)民众来说仍不清晰。又因历史原因,刚果(金)民众更支持与相信西医,对中国传统医学可能存在不信任不接受的心理。具体建议如下。

(一)开拓适合刚果(金)国情的中成药市场

非洲地处热带,气候复杂,是一个疫病高发的地区。由于刚果(金)的卫生事业落后,医疗水平及制药技术低下,相关服务及药品供应无法自给自足,且只能利用简单的技术来生产种类有限的制剂品种(如片剂、胶囊、液体制剂等)[11]。中成药相比中药首先更能被当地民众接受,其次中成药的保存条件比汤剂类药物要求更低,保存的时间也更长,但相较西药来说价格却相对低廉。中成药质优价廉且潜在市场宽广,易获得更多的关注。

(二)加强发展刚果(金)的中医药教育和事业

从非洲中医药教育来看,南非西开普大学已经开始设置中医专业,但非洲本土的教育体系目前仍然无法满足人们对中医药的需求,这为中国中医药对外教育提供了广阔空间。我国可以考虑在金沙萨大学、卢本巴希大学和基桑加尼大学等高等教育机构开设中医药专业。其次,可以通过研讨会、展览等多种形式来加强中医药文化的传播。另外,鼓励中国的相关机构、企业和个人在刚果(金)设立中医诊所、中医院或中医疗养院等,提供中医药诊疗服务,实现"以医促药"的目标。

(三)研发适合刚果(金)病患的中药新产品

WHO资料显示,非洲不仅是艾滋病的重灾区,而且疟疾、肺结核、霍乱及血吸虫病等寄生虫病流行蔓延,每年因病致死的人数在全球居于前列。自屠呦呦及其团队研制成功青蒿素后,非洲各地抗疟疾取得重大成果。中方可针对刚果(金)主要病种展开中药新产品研发,有利于推动中医药在刚发展。

(赵锦瑞)

参考文献

[1] 世界银行[EB/OL]. https://datatopics.worldbank.org/world-development-indicators/.

[2] 中华人民共和国外交部. 刚果民主共和国国家概况[EB/OL]. https://www.fmprc.gov.cn/web/gjhdq_676201/gj_676203/fz_677316/1206_677680/1206x0_677682/.

[3] Cholera virus disease-Democratic Republic of the Congo[EB/OL]. https://apps.who.int/iris/bitstream/handle/10665/274655/WER9338-489-497.pdf.

[4] 刚果民主共和国劳动法[EB/OL]. http://images.mofcom.gov.cn/cd/201312/20131203033908496.pdf.

[5] 刚果金改善卫生部门的援助协调[EB/OL]. https://apps.who.int/iris/bitstream/handle/10665/186673/WHO_HIS_HGF_CaseStudy_15.4_eng.pdf;jsessionid=0683CD8B1196B0EF420188E83EE03C33?sequence=1.

[6] 美国国际开发署. 刚果民主共和国私营卫生部门评估[EB/OL]. https://documents1.worldbank.org/curated/en/487571539958646859/pdf/131045-REVISED-23-1-2019-10-49-58-WBDRCPSAEnglishWEB.pdf.

[7] 刚果金禁止中药[EB/OL]. https://worldbulletin.dunyabulteni.net/africa/congo-bans-chinese-medicine-h159414.html.

[8] 世界数据图册[EB/OL]. https://cn.knoema.com/atlas.

[9] 吴桐. 中国医药企业掘金非洲正当时[J]. 中国投资, 2017(2): 74-75.

[10] 安同良, 千慧雄. 中国企业R&D补贴策略: 补贴阈限、最优规模与模式选择[J]. 经济研究, 2021, 56(1): 122-137.

[11] 孙源源, 熊季霞, 施萍. 中成药开拓非洲市场的PEST分析及对策研究[J]. 中成药, 2015, 37(9): 2086-2090.

附件

2002 Portant Creation ET Organisation d'un Programme National de Promotion de la Medecine Traditionnelle et des Plantes Medicinales
（促进传统医学和药用植物国家计划）

LE MINISTRE DE LA SANTE,

Vu, tel que modifié et complété à ce jour, le Décret-loi constitutionnel n°003 du 27 mai 1997 relatif à l'organisation et à l'exercice du pouvoir en Répubiique Démocratique du Congo;

Vu ie Décrel n°025/2001 du 14 avril 2001 portant nomination des membres du Gouvernement;

Considérant qu'il existe, parallèlement à la médecine classique, une médecine traditionnelle inorganisée mais à laquelle ont cependant recours beaucoup de congolais;

Considérant la nécessité de l'intégration des plantes médicinales dans l'arsenal pharmaceutique national;

Considérant qu'il est imperieux d'integrer cette médecine dans notre systeme sanitaire, de la promouvoir et de l'organiser;

Vu la nécessité

ARRETE

CHAPITRE I : DES DISPOSITIONS GENERALES

Article 1: Il est créé au sein du Ministère de la Santé, un Programme Spécialisé dénommé *Programme National de Promotion de la Médecine Traditionnelle et des Plantes Médicinales*, PNMT en sigle.

Article 2: Le Programme National de Promotion de la Médecine Traditionnelle et des plantes médicinales a pour missions:

- de développer, de promouvoir la médecine traditionnelle et de réaliser son intégration dans le système national de santé;
- d'organiser et de coordonner la promotion et la recherche sur les plantes médicinales.

Article 3: Le PNMT a pour attributions essentielles de:

> organiser la coordination des activités de la médecine traditionnelle;

> élaborer la politique nationale en matière de médecine traditionnelle;

> élaborer la pharmacopée nationale;

> mobiliser la communauté et les ressources pour la promotion de la médecine traditionnelle;

> renforcer les capacités des ressources humaines de la médecine traditionnelle;

> faire la promotion et le plaidoyer en faveur de la médecine traditionnelle;

> appuyer la recherche et le développement de la médecine traditionnelle;

> assurer la coopération et les échanges techniques à l'échelle internationale;

> créer un centre de documentation et d'information en matière de médecine traditionnelle;

> faire le suivi et l'évaluation de la mise en oeuvre de la politique nationale de médecine traditionnelle;

> promouvoir la production des médicaments traditionnels améliorés;

> assurer la protection des médicaments à base des plantes et d'animaux;

> réaliser un inventaire des plantes médicinales congolaises;

> promouvoir la culture des plantes médicinales;

> promouvoir et organiser la recherche sur les plantes médicinales;

CHAPITRE II : DE L'ORGANISATION ET DU FONCTIONNEMENT

Article 4: Le PNMT relève de la Direction de la Pharmacie, Médicaments et Laboratoires, s'agissant des plantes médicinales et de la Direction des Hôpitaux, en ce qui concerne la médecine traditionnelle.

Article 5: Le PNMT comprend:

1. La Direction,

2. Les quatre Divisions ci-après:

   a) Division Technique;

b) Division Administrative et Financière;

c) Division de la Formation et de la Promotion ;

d) Division de la Recherche.

Article 6 : Le PNMT est dirigé par un Directeur assisté d'un Directeur Adjoint, tous nommés et, le cas échéant, relevés de leurs fonctions par le Ministre de la Santé.

Article 7 : Le PNMT émarge au budget de l'Etat.

Le PNMT hérite du patrimoine de tout projet en cours ou en préparation dans le cadre de la promotion de la médecine traditionnelle et des plantes médicinales.

Son patrimoine pourra s'accroître :

des apports ultérieurs que l'Etat pourrait consentir en sa feveur;

des dons et legs que pourront lui consentir des Organismes Nationaux, internationaux ainsi que des particuliers.

Article 8 : Le PNMT utilise des agents et fonctionnaires de l'Etat et peut, en cas de besoinz faire appel à l'expertise exteriéure.

Article 9 : Le PNMT est tenu de dresser des rapports périodiques sur ses activités.

Il élabore à cet égard :

1. un rapport mensuel sur ses activités;

2. un rapport trimestriel sur l'exécution physique et financière;

3. un rapport annuel sur la situation de la médecine traditionnelle et la promotion des plantes médicinales.

CHAPITRE III : DIOPOSITIONS FINALES

Article 10 : Sont abrogées toutes les dispositions antérieures contraires au présent Arrêté.

Article 11 : Le Secrétaire Général à la Santé est chargé de l'exécution du présent Arrêté qui entre en vigueur à la date de sa signature.

第五章 苏丹共和国

非·洲·卷
中医药海外发展国别研究

一、政治与经济环境

（一）基本国情

苏丹共和国（The Republic of the Sudan，以下简称"苏丹"），前身为苏丹民主共和国，于1985年改国名，目前人口约4 914万（2023年），人口密度为23.9人/平方千米。其位于非洲东北部，红海西岸；北邻埃及，西接利比亚、乍得、中非，南毗南苏丹，东接埃塞俄比亚、厄立特里亚；东北濒临红海，海岸线长约720千米，尼罗河贯穿南北，青、白尼罗河流经苏丹在喀土穆交汇，然后蜿蜒北上流入埃及。苏丹境内四周高、中间低，东北面有红海山脉，西部有穆尔山区，南部为努巴山区。苏丹全国气候差异很大，自北向南由热带沙漠气候向热带雨林气候过渡，最热季节气温可达50摄氏度，全国年平均气温21摄氏度；常年干旱，年平均降雨量不足100毫米。苏丹地处生态过渡带，极易遭受旱灾、水灾和沙漠化等气候灾害[1]。国土面积188.6万平方千米，世界国土面积排名第15位，为非洲面积第三大国家。行政区划按照州、市、镇三级划分，全国共18个州，首都喀土穆为最大城市，市辖人口700万人。苏丹是多种族交汇的地区，主要人种包括阿拉伯人、贝贾人、富尔人、努巴人及黑种人等，其中阿拉伯人占70%；主要民族为阿拉伯民族，另有18个少数民族；官方语言为阿拉伯语，通用语言为英语。居民大多信奉伊斯兰教，属逊尼派。华人主要集中在首都喀土穆，主要从事修建房屋路桥、派遣医疗队、开私人医院、开餐馆、办农场、开超市、做生意等工作，几乎在各个领域都有中国人参与[2]。

（二）政治环境

1. **政治制度** 苏丹政府于1998年颁布宪法，规定国民议会为苏丹国家立法机构，2019年由苏丹军事过渡委员会接管政权，解散议会。2022年1月20日，苏主权委员会主席布尔汉更换内政、司法等多名部长。全国设高级司法委员会，下设最高法院和总检察院。苏丹实行多党制，目前全国有30余个政党进行了合法登记。

2. **外交特点** 苏丹奉行独立自主的外交政策,维护国家主权和统一,反对西方强权政治,主张加强阿拉伯国家团结,密切同非洲国家的合作,重视同中国等国家发展友好合作关系。苏丹致力于睦邻友好,积极改善同美国等西方国家关系,外交更趋灵活、务实。苏丹目前与全世界近100个国家建立了外交关系,以对所有建交国家发展中立和亲密关系为外交策略[3]。周边关系上,苏丹和埃及由于1995年6月刺杀穆巴拉克总统未遂事件发生后,埃及指责苏丹涉嫌此案,两国关系一度恶化,1998年埃及同厄立特里亚发生武装冲突后,苏、埃关系明显改善,进入全面正常化阶段。苏丹和埃塞俄比亚的关系由于双方曾相互支持对方反对派而长期交恶。南苏丹独立之后,苏丹与南苏丹在边界划分、石油利益分配等重大问题上分歧严重[4]。

3. **中苏关系** 中国和苏丹于1959年2月4日建交。自建立正式外交关系以来,双方政治互信日益巩固,经贸关系发展顺利,友好合作关系不断发展。中苏重要互访有:2006年5月,苏丹时任外长阿贾维尼访华;2006年3月,苏丹时任国防部长侯赛因访华;2006年7月,苏丹时任财政和国民经济部长哈桑访华;2007年2月,时任中国国家主席胡锦涛对苏丹进行国事访问。

苏丹一直是中国传统重点受援国。自1970年以来,中国向苏丹提供了大批无私援助,即使在中国国民经济困难时期也从未停止。迄今,中国已通过援助方式推动实施了近百个双边合作项目,包括1976年建成的友谊厅以及农业示范中心等。中国在苏丹援建了道路、桥梁、医院、学校等一批基础设施、公益性项目,提供了药品、医疗设备、施工机械、办公设备等大量物资,显著提升了当地公共服务能力,改善了苏丹贫困地区人道主义状况,促进了苏丹经济发展与社会稳定。在抗击新型冠状病毒感染疫情国际合作中中国政府、企业向苏丹捐赠了大量口罩、防护服、检验试剂等防疫物资,并通过医疗队现场授课、国内专家远程指导等方式帮助苏丹防疫抗疫,有效减轻了当地防疫压力。中国、苏丹外交大事记见表5-1。

表5-1 中国、苏丹外交大事记

时 间	事 件
2006年1月	中国政府特使、时任外交部部长助理吕国增访苏丹
2006年3月	苏丹时任国防部长侯赛因访华
2006年5月、9月、11月	苏丹时任总统巴希尔(11月)、苏丹时任总统助理纳菲阿两次访华(5月、9月)

续 表

时间	事件
2006年5月	苏丹时任外长阿贾维尼访华
2006年7月	苏丹时任财政和国民经济部长哈桑访华
2006年9月	苏丹时任能源矿产部长贾兹访华
2015年1月	中国外交部部长王毅访问苏丹,会见巴希尔总统,倡议举行了"支持伊加特南苏丹和平进程专门磋商"
2016年9月	中国时任农业部部长韩长赋访问苏丹并主持召开中苏农业执行委员会第三次会议
2020年4月	中国时任国务院总理李克强同苏丹过渡政府总理哈姆杜克就新型冠状病毒感染疫情通电话
2022年9月	中国外交部非洲之角事务特使薛冰访问苏丹

(三) 经济环境

1. 经济概况　苏丹属于联合国公布的世界最不发达国家之一,采用资本主义市场经济体制。其流通货币为苏丹镑(Sudanese Pound SDG),对美元汇率为1美元≈371.8苏丹镑。苏丹经济非常落后,2021年GDP约为359亿美元,人均790美元。苏丹最大贸易伙伴为中国。在苏丹投资建设的主要国家有中国、日本、阿联酋、沙特、印度、埃及、英国、加拿大、美国、澳大利亚等。

外贸在苏丹经济中占有重要地位。2016年苏对外贸易总额为114.1亿美元,其中出口额为30.9亿美元,进口额为83.2亿美元,贸易顺差52.3亿美元。世界银行数据显示,2019年,苏丹农业、工业、服务业占GDP的比例分别为28.4%、30.8%、40.8%。2019年,苏丹最终消费、投资、净出口占GDP的比重分别为78.1%、18.7%、3.2%。近年来苏丹经济持续低迷,进出口贸易受到很大冲击,贸易逆差居高不下。据苏丹中央银行统计,2020年苏丹进出口贸易额为136.4亿美元,同比上升4.7%。其中,进口额为98.38亿美元,出口额为38.02亿美元,贸易逆差60.36亿美元。2021年,苏丹对外贸易总额为121亿美元,其中出口额为51亿美元,进口额为70亿美元。2020年苏丹前五大贸易伙伴依次为中国、阿联酋、沙特、印度和埃及。其中,苏丹与中国的贸易额为32.77亿美元,占贸易总额的22.5%;与阿联酋的贸易额为27亿美元,占贸易总额的19.8%;与沙特的贸易额为11.9亿美元,占贸易总额的8.7%;与印度、埃及的贸易额分别为11.49亿和9亿美元。

2. 主要产业 苏丹以农牧业为主要产业,工业基础薄弱,服务业处于次要地位。基础产业为农业,农业人口占全国总人口的70%。农作物主要有高粱、谷子、玉米和小麦。经济作物在农业生产中占重要地位,占农产品出口额的66%,主要有棉花、花生、芝麻和阿拉伯胶,大多数供出口。其长绒棉产量仅次于埃及,居世界第二;花生产量居阿拉伯国家之首,在世界上仅次于美国、印度和阿根廷;芝麻产量在阿拉伯和非洲国家中占第一位,出口量占世界的一半左右;阿拉伯胶种植面积504万公顷,年均产量约6万吨,占世界总产量的80%。石油出口也是其经济的来源。2019年,苏丹工业产值占国内生产总值的30.8%。主要工业有制糖、制革、纺织、食品加工、制麻、烟草和水泥等。近年来苏丹政府积极调整工业结构,重点发展石油、纺织、制糖、水泥、农产品加工业等工业[5]。

3. 对华贸易 2021年中苏贸易额达25.96亿美元。随着中苏两国经贸合作不断深入,苏丹已成为中国在非洲重要的贸易伙伴和投资伙伴,中国是苏丹第一大贸易伙伴,也是第一大投资来源国。中苏经贸合作已经从单纯地向苏提供援助,发展为以石油合作为龙头,电力、水利、路桥、港口、电讯、农业、工业、服务业、贸易等各行业广泛合作的良好局面。

苏丹目前是中国制造业重要的原料供给基地,其产出的石油多数输出中国,出产的羊绒原毛也大量输往中国。2020年,苏对华贸易总额为32.77亿美元。由于国民经济压力较大,苏丹的传统医药经济贸易和发展一直处于次要状态。2018年3月21日,基加利非洲特别峰会期间,苏丹前总统巴希尔代表苏丹签署了《非洲大陆自由贸易协定》《基加利宣言》以及《人员自由流动议定书》等文件,但苏丹国内尚未批准《非洲大陆自由贸易协定》[6]。根据中国海关和苏丹世界中央银行数据,2015—2021年中苏贸易总额维持在25亿~30亿美元(表5-2)。

表5-2 2015—2021年中苏贸易总额(单位:亿美元)

项目\年份	2015	2016	2017	2018	2019	2020	2021
总额	28.99	26.39	27.44	24.08	25.49	32.77	25.96
苏出口	7.40	4.59	6.14	7.5	7.48	7.66	7.79
苏进口	21.59	21.8	21.3	16.58	18.02	25.11	18.2

二、医疗健康保障体系现状

(一) 基本情况

苏丹的医疗卫生服务体制根据国家行政管理体制建立,分为州医院、市医院、健康中心、卫生站四个层次。据世界卫生组织统计,2015年苏丹全国经常性医疗卫生支出占GDP的6.3%,按照购买力平价计算,人均经常性医疗卫生支出277美元;2016年,人均寿命为55.7岁。

(二) 医疗管理机构

苏丹医疗法律由国民议会讨论制定,下级政策由苏丹卫生部(Ministry of Health)管理。卫生部统管州与地方医疗机构,负责卫生政策的制定、规划、管理和监督,制定医疗标准并监管各卫生机构依标准从业。医药投资者由其下国家药品和毒品管理局(National Medicines and Poisons Board)进行监管[7]。

(三) 医疗机构

1. 公立医疗机构 苏丹公立医疗机构主要为二级医院(州医院、市医院)以及基层医院(健康中心)。截至2017年,苏丹共有各类医院438所,医院病床2.92万张,医师9175名;平均每十万人拥有1.2家医院、80张医院病床、23名医师[12]。

2. 私立医疗机构 由于医疗法规缺乏对医院、治疗中心等医疗服务提供者的统一规划与准入管理,且没有统一的行业标准。私立医疗卫生机构常常自立门户,形式多样。至2014年为止,苏丹共有256所私立医疗卫生机构。

(四)医疗社会保障情况

1. **国民社区医疗保险** 苏丹实行全民免费医疗。
2. **商业保险** 政府提供和承担医疗服务,商业保险的作用变得非常小。苏丹当地保险公司共有 11 家,其中寿险公司 4 家,非寿险公司 7 家,可提供寿险、财产险、农业和畜牧业险等,较大的有苏丹伊斯兰保险公司、Shiekan 保险和再保险公司。商业保险可以负担住院治疗费用、紧急医疗运送费用等医疗费用,对他国前往苏丹旅游或工作的公民有一定价值。

三、传统医药的法律与政策环境

1995 年苏丹在国家药品委员会下属建立了药用植物与传统医药部。卫生部下属成立了药用植物与传统医药司。1975 年成立的国家卫生研究院承担着传统医药和草药的科研工作。1996 年苏丹颁布了草药法规并于 1998 年和 2002 年进行了更新。这些草药法规是不同于西药法规的单独法规。草药产品被作为处方药、自我医治用药和饮食补充剂进行管制。草药产品可以做医学和营养成分声明[8]。

(一)医师执业

目前苏丹未有中医师执照与规章。且由于当地医疗水平较低、医疗资源不足,苏丹接受他国同等学力的医师执照在国内执业。

(二)药品准入

《英国草药药典》在苏丹使用,并具有法律效力。草药产品的生产法规要求包括符合药典和药材标准中的有关要求,与西药一致的药品良好生产规范(GMP)法规,以及特殊的 GMP 法规。这些要求的实施包括对生产企业提交的质量控制数据的评价,

GMP检查以及原料供应的文件提供。安全评价的要求包括传统使用上没有被证明有有害作用,以及生物安全性研究。为确保这些要求的贯彻,生物安全性研究记录须被严格遵循[7]。在苏丹上市的所有药品都需要许可证,对申请有明确的标准。对上市许可的评估有12个月的时限,所有药品使用设施也必须获得监管当局的许可。在技术上,苏丹要求制造商遵守良好GMP,但政府没有发布当地适用的文件。法律允许检查员检查药品生产或包装的场所。

(三) 传统医药教育

苏丹的传统草药未形成医疗体系,故苏丹无传统医学的教育。

(四) 保险覆盖

苏丹实行全民免费医疗,故保险覆盖率为100%。

(五) 医药投资

草药在苏丹作为非处方药在药店销售,以及通过特殊渠道销售。苏丹境内医药投资需要提供符合相应法规标准的标准化证据。根据记者报道,目前苏丹政府要求各国医药投资者(除欧美国家外)出示本国主管当局签发的制造许可证的有效副本,以及GMP证书的有效副本,并且提供CE许可证。欧美国家则只需要出示由出口国卫生当局签发,经苏丹外交部认证的药品证书及相关产品信息[8]。苏丹有一个半自治的药品监管机构,它最初是卫生部的一部分,现在称为国家药品和毒物管理局。苏丹正在通过卫生部建立自己的管理制度,监管医药投资事宜。1998年,中方管理团队建立了一座配套设施完善的现代化制药工厂,即位于苏丹首都喀土穆的上海医药-苏丹制药有限公司(Shanghai-Sudan Pharmaceutical Co., Ltd., SSPC),是苏丹首批通过GMP认证和第一家本土化生产抗疟药的制药企业,由上海医药控股有限公司(SPH)和苏丹国家药品采购中心(NMSF)合资兴建。目前,苏丹医药及医疗器械市场份额中的25%来自国内生产,另外75%、将近4亿美元的药品医疗器械需要从国外进口,市场需求旺盛。因此,各国企业对苏丹的医药投资主要集中在医药产品和医疗器械上。

四、中医药服务贸易双边合作现状

（一）传统医药交流历程

中国和苏丹自1959年初建立正式外交关系以来，双边政治互信日益巩固，经贸合作不断加深。特别是20世纪90年代中期以来，两国经贸合作领域逐步拓展，合作规模迅速扩大，取得了丰硕成果[9]。中国多次派遣医疗援助队赴苏，到目前为止一共派遣了39支医疗队，约1 100人次。其中也有中医师，让苏丹人民了解了中医，并留下了中医药疗效非常好的印象。2019年10月，第35批援苏医疗队抵达苏丹，该批医疗队共有42名队员，涉及内科、外科、神经外科、泌尿科、眼科、妇科、骨科、中医科、麻醉、口腔科、康复医学科和超声科等多个专业，全部来自陕西省三甲以上医院。2021年1月，中国第36批援苏丹医疗队从国内出发，赴苏丹执行为期1年的援外任务。该批医疗队员共计42人，援助包括中医针灸科、内科、外科、妇产科、影像科等14个科别。

（二）境外消费

南北分裂后，苏丹国内经常发生战乱，且由于国内长期实行免费医疗，来中国的就医人数比较少，暂无境外消费统计数据。

（三）跨境交付

由于苏丹互联网普及程度有限，暂时未能形成云诊断、云治疗的平台体系。

（四）商业存在

目前苏丹未有专门的中医医院、中医中心或中苏合作建设的中医医疗机构。只有派遣援助的中医师和一家制药公司,即上海医药-苏丹制药有限公司。

(五)自然人流动

目前主要形式为中国派遣医疗队为苏丹提供免费中医医疗服务,目前一共已派出37支医疗队向苏丹提供医疗援助。自1971年起,中国政府向苏丹派遣医疗队。中国援苏丹医疗队除了为苏丹居民医治伤病外,还为驻苏丹中资机构提供医疗服务[10]。中苏企业合资兴建的制药公司通过本地化生产,极大地提高了苏丹医药工业水平,有利于向当地民众提供可及、可靠、可负担的医药产品及医疗设备。例如,该公司实现了青蒿素类系列产品的本地化注册及生产,为苏丹疟疾治疗提供了多种解决方案,大大降低了治疗成本,也为当地疟疾患者减少了痛苦。

五、市场机遇与潜力

(一)传统医药在苏价格优势明显

由于苏丹药品、医用物资及医学仪器大部分从国外进口,卫生服务费用总体较高,年人均医疗费用在282美元以上。苏丹国民迫于经济压力,对草药治疗等传统医药欢迎度较西医疗法高。另外苏丹对外商投资的容纳性仍然较大。因此,国内中医药龙头企业产业入苏投资市场广阔。

(二)中医药为医药投资最佳切入点

中国20世纪70年代即对苏丹派遣医疗队,推动了当地中医药发展。由于中医药的疗效被苏丹人民体验过并受认可,所以苏丹人对中医药有较好的认识,中医药在该国拥有广阔的市场潜力和发展前景。可依托苏丹人民对中医药的兴趣和喜爱,通过科普、讲座等形式加深他们对中医药防治疾病功效的了解,从而扩大中医药产品市场,切入中医药产业投资。

(三)区位优势明显,投资辐射较强

苏丹东临红海,扼苏丹港这一关键出海口;陆上与7个非洲国家接壤,其中4个为内陆国;拥有相对完善的铁路、公路网络,交通较为便利。借助良好的地理位置,苏丹能够辐射各地区投资和融资机会,增强优势产业的竞争能力。中国可着眼于苏丹良好的地理环境,最小化交通运输费用,高效进行双边贸易往来。

六、风险提示

(一)中医药医疗服务在苏发展不佳

中医药医疗服务开展较少,除了援助医疗队外,苏丹较少涉及中医药医疗服务。由于中医医疗服务全部由医疗援助形式提供,并未形成相关医疗机构和系统,向苏丹人民传播一种新的医疗体系有一定的困难。苏丹很少有开设的中医诊所,缺乏传统医药行业规范。

(二)投资环境不稳

近年来因受南北分裂以及美国制裁等因素影响,苏丹经济发展放缓,汇率贬值,物价上涨加快,社会不稳定因素增加。苏丹的货币贬值导致了一些药品的短缺,一些产品也完全无法在该国销售。苏丹的制药行业需要进口原料药,这使得医药市场在汇率波动和外部不利因素面前极其脆弱。苏丹医药等各方面的投资环境不稳定,融资投资需注意风险。

(三)缺少行业规范

苏丹并没有为中医制定具体法律和规范。例如,《苏丹药品和毒物法》中没有任

何条文规定将药物警戒使用作为药品监管当局管理任务的一部分。上市许可持有人无须持续监测其产品的安全性并向药品监管局报告。由于缺乏行业规范,且地区发展水平较为落后,中医药服务贸易机遇和挑战并存,机遇大于挑战。

(四)战争因素

苏丹社会治安状况总体尚好,首都喀土穆刑事犯罪案件较少发生。在苏丹私藏枪支属违法,但办理登记手续可合法持枪,有部分武器流落民间。官方没有关于犯罪率的统计,但近几年刑事案件有所增加。2019年以来受政局动荡、经济低迷、疫情冲击等影响,特别是2019年4月巴希尔政权下台后,由于治安力量相对真空,盗抢等治安事件上升趋势明显。南北分裂后,为削减财政赤字、打击成品油走私,苏丹政府自2013年9月23日起取消燃油补贴,导致油价大幅上涨,其中汽油价格从2.78涨至4.67苏丹镑/升,柴油价格从1.78涨至3.11苏丹镑/升,涨幅分别为68%和75%。该政策遭到部分民众反对,2013年9月25日—26日多地出现大规模游行示威。苏丹全国有260多家加油站被纵火焚烧,喀土穆有105辆公交车被烧毁或砸坏,苏丹政府迅速出动警察、军队驱散游行队伍,击毙33人,逮捕300多人。2017年12月底以来,围绕面粉等基本物资价格上涨问题,苏丹反对党领导全国进行了多场示威游行,并引起小规模骚乱。战争因素增加不确定安全风险,导致中医药在苏贸易发展受困。

七、案例分析

(一)上海医药-苏丹制药有限公司

【所在地区】 苏丹喀土穆州北喀土穆。

【案例概述】 成立于1998年的上海医药-苏丹制药有限公司位于苏丹重要工业区北喀土穆区,由上海医药控股有限公司(SPH)和苏丹国家药品采购中心(NMSF)合资兴建。该公司首任董事长巴比克回忆说:"当时,很多药厂在连年不断的战火中被摧毁,民众常用的240余种基本药品中,本土药厂仅能供应需求总量的约10%,几百万民众的身体健康受到威胁。在这样的艰难时刻,中国朋友和我们一起,用实际行动挽救了很多患者的生命。"

苏丹国家药品供应基金总经理巴德拉丁认为,中国医药企业与苏丹合作,帮助苏丹实现了基础药物的本地化生产,还为苏丹培养出大批医药领域人才,助力苏丹制药整体水平的提升。此为成功案例,不仅为自身企业带来了经济利益,还促进了中苏两国的交流,为中医药的传播奠基了基础。

(二) 中国第36批援苏丹医疗队前往苏丹恩图曼友谊医院进行援助

【所在地区】 苏丹恩图曼市。

【案例概述】 2021年初,中国第36批援苏丹医疗队抵达苏丹恩图曼友谊医院,在这里执行为期1年的援外任务。

当地社会不稳定,医疗卫生条件落后,新冠疫情防控形势异常严峻,医疗队面临巨大风险和重重挑战。但自抵达苏丹之日起,队员们迅速调整身体和心理状态投身工作中。他们主动作为,化危为机,和苏丹人民一起守望相助、共克时艰。中医科得到了当地人民的强烈认可,除恩图曼当地的患者外,许多其他地区的患者也慕名前来。中医药具有"简便廉验"的特点,深受当地民众欢迎。每名针灸医生一上午接诊治疗的患者有30—50人。五十多年来,一代代援苏丹中国医生为中医针灸留下了好口碑。医疗队队长戴文学表示,尽管苏丹条件艰苦,但队员们秉承优良传统,切实履行救死扶伤的职责,让苏丹人民通过中医认可中国医生,通过中国医生认可中国。虽然工作辛苦,但他们感到非常骄傲和自豪。西安市中医医院脑病科刘岗应用针灸施针、推拿按摩、拔罐疗法等专业技术疗法,充分展示中医的特色,为苏丹人民缓解病痛折磨,深受患者青睐与欢迎。他还积极向驻地医院的护士手把手传授拔火罐、推拿、刮痧等中医传统技术,从零基础开始悉心教授,直到对方完全掌握。他以精湛的医术以及最大的善意和诚心,赢得了当地医务人员及患者的钦佩和信任。中医"简便廉验"的特点,使其在苏丹艰苦的环境下独具优势,更因其有利于缓解患者的病情,使苏丹民众对于中医的信任度越来越高。

八、结论与建议

苏丹地广人稀、资源丰富、气候多样,农业、矿业等领域蕴藏巨大商机。2017年以来,苏丹政治形势相对稳定,国民经济缓慢复苏,但尚未彻底摆脱南北分裂、石油减产带来的巨大负面冲击,"稳政权、谋生存、促转型、求发展"仍是苏丹政府工作的主旋律。具体实施建议如下。

(一)尊重当地风俗习惯

苏丹是伊斯兰国家,有很多特殊的规则。要尊重当地的宗教信仰和风俗习惯:不能携带酒类入境,不能造酒、卖酒、酗酒,不能吃猪肉、狗肉和驴肉等;着装应整洁,不能暴露,女性尤其需要注意;公共场所不可大声喧哗、插队等;斋月期间应避免在公共场所吸烟、饮水、进食等。避免因地区风俗不同而产生冲突,影响中苏关系[11]。

(二)注意武装冲突,确保人身安全

苏丹南科尔多凡、青尼罗州、达尔富尔地区武装冲突频发,安全形势严峻,经济社会状况极其落后,部落之间常为争夺土地、牧场水资源等发生流血冲突,针对外国人的抢劫、袭击事件时有发生。中国企业和公民应尽量避免前往上述地区,已在上述地区的中资企业、公民应加强安全防范,减少不必要的外出,确保人身和财产安全。若武装冲突已影响到自身安全,可寻求大使馆和国际红十字委员会的帮助。

(三)建设中苏友谊中医药中心

以企业投资、政府主导的形式,在援苏医疗队的基础上中苏两国合作建立中医药中心,打造苏丹当地中医服务机构与中医药文化传播交流平台,让中医药服务更多苏丹民众。一方面可向苏丹输送医药研究技术人员,拓宽服务贸易范围;另一方面,以

中心为依托,易于突破医师执业认证、药品准入等政策瓶颈,进行高层次研究合作,推动更多的中医药产品走向世界,让更多的苏丹群众了解中医药文化。中苏两国友谊源远流长,若共同在医疗等领域开展合作,对中苏两国发展具有重要意义。

(孙妤璇)

参考文献

[1] 项芬.《苏丹数字化整转可行性研究》汉译英翻译项目报告[D].成都:成都理工大学,2018.

[2] 中华人民共和国商务部.对外投资合作国别(地区)指南:苏丹(2020年版)[EB/CD].http://www.mofcom.gov.cn/dl/gbdqzn/upload/sudan.pdf.

[3] 苏丹外交部.https://www.mofa.gov.sd/.

[4] 王恒亮,陆如泉,赵林,等.海外资源国宏观投资环境监测体系创新与实践[C].中国石油学会石油经济专业委员会青年论坛,2014.

[5] 王南.对中国—苏丹经贸合作的再思考[J].阿拉伯世界研究,2012(6):64-75.

[6] 苏丹驻中国大使馆[EB/CD].http://www.sudanembassybj.com/.

[7] 苏丹国家药品和毒品管理局[EB/CD].http://www.nmpb.gov.sd/en/index.php.

[8] 苏丹制药市场和监管概况(2020年版)[EB/CD].extension://bfdogplmndidlpjfhoijckpakkdjkkil/pdf/viewer.html?file=https%3A%2F%2Fpharmexcil.com%2Fuploads%2Fcountryreports%2FSudan_Market_and_regulatory_report_Aug2020.pdf.

[9] 中国驻苏丹大使馆.经贸关系[EB/CD].http://sd.china-embassy.gov.cn/jmwl/201909/t20190904_6756304.htm.

[10] 中国驻苏丹大使馆.中国与苏丹卫生合作的发展历程及主要成就[EB/CD].http://sd.china-embassy.gov.cn/nwksd/202204/t20220406_10664850.htm.

[11] 苏丹驻中国大使馆.中国与苏丹卫生合作的发展历程及主要成就[EB/CD].http://www.sudanembassybj.com/.

非·洲·卷
中医药海外发展国别研究

第六章 埃及

一、政治与经济环境

(一) 基本国情

阿拉伯埃及共和国(The Arab Republic of Egypt,以下简称"埃及")。据埃及中央公共动员与统计局(CAPMAS)数据,截至2023年2月,埃及人口超过1亿人,平均人口密度约为每平方千米100人。埃及位于非洲东北部,地处欧亚非三大洲的交通要冲,是大西洋与印度洋之间海上航线的捷径。南接苏丹,西连利比亚,东临红海,与巴勒斯坦、以色列接壤,北经地中海与欧洲隔海相通,东南与约旦和沙特阿拉伯相望。国土面积100.145万平方千米,世界排名第三十位,94%国土为沙漠。埃及行政区划划分为27个省、8个经济区,每个区包括一个或数个省。首都为开罗,是埃及的政治、经济和商业中心,由开罗省、吉萨省、盖勒尤比省组成,统称大开罗区,2023年人口约2 756万,是阿拉伯和非洲国家人口最多的城市,也是世界第十六大都会区。埃及主要民族有东方哈姆族(包括埃及阿拉伯人、科普特人、贝都因人、柏柏尔人),占总人口的99%,努比亚人、希腊人、亚美尼亚人、意大利人后裔和法国人后裔占1%。官方语言为阿拉伯语,也是通用语;埃及的努比亚人使用只有语言但无文字的努比亚语;科普特语(由古埃及语演变而来)仅作为宗教语言在科普特基督教教堂中尚有遗存。社会中上层人士可用较为流利的英语或法语进行交流。伊斯兰教为国教,信徒以逊尼派为主,占总人口的84%。同时存在科普特基督正教、天主教、希腊基督正教、亚美尼亚基督教以及基督新教等多个基督教教派(约占16%)。

(二) 政治环境

1. **政治制度** 埃及为共和制政体,总统是国家元首,由选举产生,掌握实权。总统由人民议会提名,公民投票选出。埃及现任总统为塞西。人民议会是埃及最高立法机关,议会为两院制。众议院拥有立法权、监督权和财政权,政府对众议院负责,受其监督;任期5年,设不少于450个席位。参议院为咨政机构,主要职能是就立法、结约、外交政策等重大事项向众议院和总统提出建议;任期5年,设300个席位。据中国外交部资料,2020年埃先后举行参议院和众议院选举,现任众议长哈纳菲·贾巴利,参议长阿卜杜瓦哈卜·阿卜杜拉齐格。2022年8月,埃及政府改组,穆斯塔法·马德布利留任总理,目前有33个部委。司法机构分为普通司法机构和行政司法机构。普通司法机构的最高部门是最高上诉法院,行政司法机构的最高部门是最高行政法院。开罗还设有最高宪法法院,负责解释法律法规的宪法性质。2008年起,埃及在开罗等主要省份开始设立经济法庭。检察机构包括总检察院和地方检察分院。埃及总统为武装力量最高统帅,对军队拥有绝对控制权,对国防事务拥有最终决策权。国防部长为武装部队总司令,是总统之下的最高军事首长,现任国防部长为阿卜杜勒·马吉德·萨格尔。2011年埃及颁布新政党法,现有政党及政治组织近百个,其中经国家政党委员会批准成立的政党约60个,主要政党有自由埃及人党、祖国未来党、新华夫脱党、祖国保护者党[1]。

2. **外交特点** 目前,埃及已与165个国家建立了外交关系。埃及奉行独立自主、不结盟政策,强调加强南北对话和南南合作。埃及还突出阿拉伯和伊斯兰属性,积极开展和平外交,并反对国际恐怖主义,同时重视大国外交,积极发展同新兴国家关系。埃及在阿拉伯国家联盟、非洲联盟、伊斯兰合作组织等国际组织中较为活跃[2]。2019年埃及担任非洲联盟轮值主席国。

3. **中埃关系** 埃及是第一个承认中华人民共和国的阿拉伯、非洲国家。1956年5月30日,中国和埃及正式建立外交关系。建交后,两国友好合作关系不断发展,高层互访频繁。长期以来,中埃两国在捍卫国家主权、独立和民族权益方面互相同情和支持,在维护世界和平与地区稳定、促进发展中国家团结和共同发展方面相互协调及配合。1999年,中埃两国发表了建立战略合作关系的联合公报,并签署一系列合作协定和议定书,两国关系进入了战略合作的新阶段。中埃文化合作也在向纵深方向发展。2002年,中国在埃及建立了中东阿拉伯地区第一个文化中心,借此平台开展了多姿多彩的中国文化活动,丰富了两国人民的文化生活。2002年与2004年,在中埃两国分别举行了文化周活动。埃及在艾因·夏姆斯大学、爱资哈尔大学、开罗大学等开设了中文系或中国研究中心。开罗大学还建立了阿拉伯地区第一所"孔子学院",为介绍中国文化搭建有效平台。这些对促进两国人民之间的了解起到了积极作用[3]。

(三) 经济环境

1. **经济概况** 埃及是发展中国家,非洲第三大经济体,属于开放型市场经济,拥有相对完整的工业、农业和服务业体系。服务业约占国内生产总值的50%。农村人口占总人口的55%,农业占国内生产总值的18%。石油天然气、旅游、侨汇和苏伊士运河是四大外汇收入来源。2011年初以来埃及动荡的局势对国民经济造成严重冲击。埃及政府采取措施恢复生产,增收节支,吸引外资,改善民生,并多方寻求国际支持与援助,以度过经济困难,但收效有限。2013年7月临时政府上台后,经济面临较大困难,在海湾阿拉伯国家的大量财政支持下,经济情况较前有所好转。2014年6月新政府成立后,大力发展经济,改善民生。2021年主要经济数据如下:GDP 3 855.8亿美元;人均国内生产总值3 780美元;经济增长率6.2%;欧洲、阿拉伯国家和美国是埃及外国投资的主要来源地[4]。世界经济论坛《2019年全球竞争力报告》显示,埃及在全球最具竞争力的141个国家和地区中,"市场规模"指标排名第23位,为中东、非洲地区第一位。中国是埃及第一大贸易伙伴,是埃及第一大进口来源国和第九大出口目的国。中国对埃及的主要投资产业是纺织业、食品加工业、塑料加工业、钢铁业等。

2. **主要产业** 埃及是传统农业国,农业从业人员约550万人,占全国劳动力总数的31%。全国可耕地面积为310万公顷,约占国土总面积的3.7%,绝大部分为灌溉地[6]。其主产长绒棉和稻米,产量均居非洲首位,玉米、小麦居非洲前列,还生产甘蔗、花生等。农业在埃及国民经济中占有重要的地位。

埃及工业以纺织和食品加工等轻工业为主,重工业以石油化工业、机械制造业及汽车工业为主。工业约占国内生产总值的36%,工业产品出口约占商品出口总额的60%,工业从业人员约274万人,占全国劳动力总数的14%。

埃及历史悠久,名胜古迹很多,具有发展旅游业的良好条件。政府非常重视发展旅游业,主要旅游景点有金字塔、狮身人面像、卢克索神庙、阿斯旺高坝、沙姆沙伊赫等。2019年旅游收入约130亿美元,增长14.3%,2020年旅游收入约48.74亿美元。苏伊士运河2021年实现63亿美元收入,创历史新高。

埃及同120多个国家和地区有贸易关系,主要贸易伙伴是中国、美国、法国、德国、意大利、英国、日本、沙特、阿联酋等。2022年埃及出口额达516亿美元,同比增长18%[7]。

3. 对华贸易　　埃及对华出口产品主要为棉花、大理石、塑料、石油产品、亚麻制品、玻璃和牛皮等原材料初级产品。中国向埃及出口的主要产品为数据处理设备、烟梗、卡车轮胎、交流电发电机、解码器和无线电传播设备等。

埃及与中国的双边贸易每年以30%～40%的速度增长,2021年中国与埃及双边货物进出口总额为199.734亿美元,比2020年增长了54.4亿美元。目前两国贸易存在着较大的不平衡,中国对埃及的出口占到了两国贸易总额的85%左右。埃及贸易与工业部原部长穆罕默德·拉希德在接受《财经》采访时坦诚地承认了这一点,并希望以投资、旅游业、服务业为突破口,争取在未来的五六年的时间内,使埃及对华贸易占到两国贸易的30%～40%[5]。根据中华人民共和国海关总署统计,2020年埃及与中国的双边贸易额为145.292亿美元,同比增长10.1%。其中,中国对埃及出口136.234亿美元,同比增长11.7%;中国自埃及进口9.058亿美元,同比降低9.5%。详见表6-1及图6-1。

表6-1　2014—2021年中埃贸易总额(单位:亿美元)

项目\年份	2014	2015	2016	2017	2018	2019	2020	2021
总额	116.197	128.778	109.869	108.270	138.257	132.018	145.292	199.734
中出口	104.602	119.602	104.343	94.874	119.903	122.012	136.234	182.666
中进口	11.595	9.175	5.525	13.396	18.354	10.006	9.058	17.06

数据来源:中国海关。

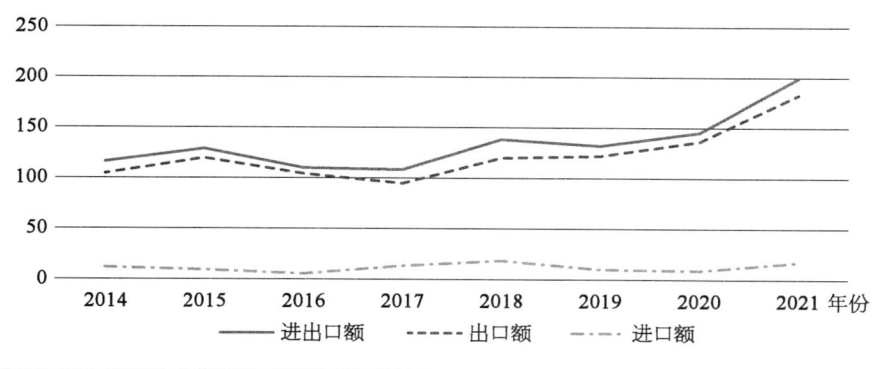

图6-1　2014—2021年中埃贸易情况(单位:亿美元)

二、医疗健康保障体系现状

(一) 基本情况

埃及政府重视医疗服务,积极改善和发展公共医疗、应急预防和救护措施。埃及拥有220多所综合性医院和中心医院,33 800多张床位,乡村医院200多所,床位5 400张,2017年每千人口医生数为0.8人,每千人口病床数为1.6张。全国医药商店35 100家。拥有国家级和卫生部级医生180 951名,牙科医生15 900名,国家级护理人员141 700名[6]。埃及常见的非处方药品供应充足,价格适中,在各大医院和药房都能买到。

(二) 医疗管理机构

卫生和人口部(the Ministry of Health and Population,MOHP)作为政府重要机构,负责埃及医疗健康事业和法规制定,并且负责管理和协调标准化工作。当地的医疗器械生产企业很少,市场需求主要依靠进口。虽然卫生和人口部会做进一步的医疗器械测试,但FDA的产品注册登记才是准入关键。相关标准由埃及标准化与质量控制组织颁布,适用于某些特殊的医疗诊断仪器和设备。对于没有现存强制标准的其他医疗产品,等同采用国际标准,包括国际标准ISO、欧洲标准EN(在缺少欧洲标准的情况下,英标、德标、法标也可以采用)、美国标准、日本标准。在缺少埃及标准或国际标准的情况下,主管当局需参考产品随机检测报告。埃及监管机构从2018年9月起要求对所有的医疗器械进行注册。

(三) 医疗机构

埃及的医疗机构可以分为五类。一是政府医院,这类医院占埃及医院总数的一半左右,主要由埃及财政部出资,财政部资金进入各部委后,通过转移支付下达到公立医疗机构。二是军队医院,如空军医院、警察总医院等。它们本来是专门为军人服务的,近年来也开始对公众开放。埃及的军队医院在医术上被认为是最好的。三是由一些专业的医疗组织办的公共医院,由埃及医疗保险组织和埃及医疗保健组织等出资。四是私营机构,包括正式挂着"医院"牌子和只写着医生名字的诊所、私营保险公司等。正式挂"医院"牌子的诊所规模较大,全国有800多家;只写着医生名字的诊所经营规模较小,数量众多。五是慈善医院,面向无力就医的穷人,经费主要来自全球和国内慈善机构的捐款、大企业和社会人士的赞助,即捐助资金,进入埃及卫生与人口部账户后,通过转移支付资助慈善医院等医疗机构[7]。

(四)医疗社会保障情况

埃及通过不断立法建立起国家社会保障体制、国家社会保险体制和社会救助体制。1965年以来,埃及通过医疗保障立法(见附件表6-2)建立了面向全国各个社会群体的医疗保险制度,政府根据医疗保险政策建立了覆盖全国的医疗保险管理体制。埃及的医疗保险体系非常复杂,主要包括政府医疗体系、公共医疗体系和私营医疗体系。

1. **国民社区医疗保险** 埃及的医疗保险主要以政府及商业保险为主,覆盖率低且医疗服务质量有待提高。政府医疗体系由埃及财政部预算资金支付,公共医疗体系由埃及财政部的转移支付资金和其他资金维持正常运作。社会医疗保险由埃及政府社会事务部(MOSA)下属的公共社会保险局总负责。公共社会保险局依法执行全国医疗保险计划,而具体的医疗保险业务则由埃及健康保险机构所属的医院负责[8]。社会保险费的交纳比例为:月薪在625埃镑以内的固定职业者交纳14%,超过625埃镑者交纳11%;无固定职业者每月交纳1埃镑。2000年埃及医疗支出占国内生产总值百分比的4.9%,2017年占比5.3%,2019年占比4.7%;2000年人均医疗支出为72.5美元,2010年为111.4美元,2017年为105.8美元,2019年为150美元。

2. **商业保险** 商业医疗保险的保障对象首先是集体,其次是个人。雇主和保险公司签订协议参与集体医疗保险。参加比政府高的保险待遇后,出具证明,政府可减免4%的雇主费用,另外个人需交1%至社保局。商业保险提供遍布全国各地的医院,而政府提供的医院较少。但缴费时需多缴纳10%的管理费用。国家保险监督局和保险协会对商业保险行为进行监督。

三、传统医药的法律与政策环境

1992年埃及成立了传统医药/补充与替代医药的专家委员会。1995年埃及制定了传统医药/补充与替代医药的法律法规，认可包括中医药在内的传统医学，提出传统医学使用和治疗规范。1995年卫生部和人口下属成立的国家药用植物应用研究中心在国家药品控制与研究组织的范围内运营。2001年埃及颁布了传统医药/补充与替代医药的国家政策。

埃及的草药法规始于1955年。按照《埃及药典》标准，草药产品被列为处方药、非处方药、自我医治用药和饮食补充剂进行管理。草药产品可以做医学、健康和营养成分声明。《埃及药典》是埃及的国家药典，包含有草药的药材标准，具有法律效力。草药产品生产法规要求包括符合药典和药材标准中的有关要求，与西药一致的法规，以及特殊的法规。安全评价的法规要求仅局限于参照类似产品的科研文献。对生产和安全评价的要求都有相关的控制机制来确保。埃及有大约600个注册草药产品，并有上市后的监督体系和监控草药产品副作用的国家体系。草药产品的注册和治疗评估都必须在实验室进行。

（一）医师执业

从医学院毕业后，医生注册和执业许可证在执业注册完成后终身有效。注册和许可的责任由不同的机构承担。注册仅由埃及医学联合会（Egyptian Medical Syndicates，EMS）控制。许可是卫生和人口部的权力。所有希望在埃及执业的医生都需要注册和执业许可证。医生只有在EMS注册后才能向卫生和人口部申请执业许可证。在这一阶段，首先向EMS注册的是全科医生。经过专科培训后，医生可以注册为专科医生。护士和助产士也被要求在卫生和人口部登记。目前尚未出台中医和针灸的规范化医师执业文件，埃及从事针灸临床者主要有三种形式：其一，国家医院的针灸门诊，由埃及政府邀请并由中国政府派出中国针灸专家所在的门诊，只有金字塔医院。其二,个体开业者的针灸门诊,部分是由中国大夫在埃及培训的学生结业后自主开办,一部分是由中国留学归国者开设。其三,个别中国游医私下开设的针灸门诊或附属在埃及私人诊所中治疗。埃及政府允许外国人开办一定规模的专科医院,但尚未批准开办中医类诊所或医院。

(二)药品准入

埃及采用了世界卫生组织药品良好生产规范(GMP)作为指南。药品无论是本地制造还是进口,都列在2015年第425号部长令中。卫生和人口部负责管理与制药部门有关的政府机构。其主要负责医药部门为中央药品管理局(CAPA),国家药物管制和研究组织(NODCAR),国家生物制品研究和控制组织(NORCB)。其中,CAPA负责药品登记、药品实体设立许可证发放、药品进出口许可证发放,由许可证、登记、检查、进出口四个主要部门组成。根据1999年第174号部级法令,药品、医疗用品、化妆品、家用杀虫剂、诊断材料、食品治疗剂和疫苗,除非经卫生和人口部根据《药剂法》进行登记和批准,否则不得由海关进口或发放。

埃及草药等传统医药产品准入由国家食品安全管理局(NSFA)管理。国家食品安全管理局只要求特殊食品的产品注册,其中包括草药、特殊健康食品、维生素和矿物补充剂等。特殊药品准入需要经过科学档案登记、跟踪和提交,应以书面形式或通过NFSA网站和电子邮件进行。特殊食品许可证有效期为5年,自注册之日起,待颁发许可证,符合注册规范后生效。对于已经在原产国注册的特殊食品,如果该国拥有与埃及适用的一致的食品安全管理体系(FSMS)和自由销售证书,并提交注册所需的所有文件,则允许通过注册。

(三)传统医药教育

埃及的医学教育系统由23所公立大学、18所公立非大学机构、19所私立大学和81所私立高等教育机构组成。传统医药教育主要以中国和埃及合作培养为主,例如中国与埃及政府传统医学的合作项目中实行最早的项目是针灸,且其任务之一就包括培训埃及针灸医生。部分埃及学生和医生前往中国学习中医药和针灸知识,或前往欧美学习针灸,学成后返回埃及,这是埃及传统医药教育的其他方式。少数埃及医生办班传授传统医学,仅讲述基本理论,时间为1~3个月。据统计,截至2016年,埃及共通过以上途径培养200名中医针灸师。

(四) 保险覆盖

埃及医疗保险的总体覆盖面较低。尽管埃及的医疗保险主要是面向工作人口,但是即使是工作人口享受医疗保险的比例也较低。埃及的城镇人口享受到医疗保险的比例高于乡村;对于工作人口,随着年龄的增加,医疗保险的覆盖面持续上升,而非工作人口的医疗保险覆盖面,29岁以下的人群最高,其中含有学生的保险在内。截至2017年,埃及享有基本卫生服务的人口占比达94%,远远超出世界平均值73.4%。埃及医疗保险的财富效应十分明显,财富越多,享受的医疗保险的比例越高[9]。

(五) 医药投资

埃及在医药方面的支出很高,占卫生支出的56%。药房的药品采购自费付款占到了近一半。药品价格由卫生和人口部药品事务中央管理局(CAPA)负责管理,该部门规定了强制性的药品零售价格。埃及有着庞大的制药业,但也依赖进口原料。几乎所有本地制造业的原料都需要进口。辉瑞、诺华、葛兰素史克和赛诺菲等跨国制药供应商占据了埃及40%的市场份额,而60%的市场属于国内供应商。埃及每年进口约6亿美元的成品药品和18亿美元的原料药。跨国公司在当地设立了工厂,但15%~20%的药品是进口的,80%~85%是在当地生产的。在埃及,大约70%的药物是非专利药和国产药[14]。Science-business网站数据显示,自2010年以来,埃及的研发支出(R&D)从占国内生产总值的0.43%上升到2016年的0.71%。其目标之一是将研发支出提高到国内生产总值的1%。埃及医药研发方面的国际合作长期以来一直被列为优先事项。根据自然指数,美国是该国最频繁的研究合作伙伴,其次是德国、中国和英国。

据Cleopatra医院的首席执行官Ahmed Ezzel-Din表示,私营部门医疗保健容量较少,服务集中在开罗和亚历山大。这些不足之处为中东、非洲和欧洲投资者进入埃及市场提供机会。近年来,当地糖尿病和心脏病等非慢性疾病发病率增加,投资者对慢性病的医疗管理和投资增加。埃及汇丰银行主管Michal Perliceusz则表示,他注意到投资者对埃及医疗保健行业的制造业、分销和服务领域的兴趣越来越大,新冠危机使医疗保健行业受到关注。

四、中医药服务贸易双边合作现状

（一）传统医药交流历程

古埃及文明孕育了古埃及医学。古埃及医学知识主要集中于公元前埃伯斯（Papyrus Ebers）和史密斯（Edwin Smith）的几部莎草纸医书，内容涉及人体结构、疾病诊断与治疗等多方面内容。从这些医书可以得知，除了为大众所熟知的精神治疗和草药，古埃及人也形成了拔罐、推拿和按摩等疗法，对食疗的应用也很广泛。近年来，中埃两国传统医学及中医药的交流不断增多。2006年，中国国家中医药管理局代表团访问了埃及，就针灸、中医药合作事宜进行了商谈；2008年，山东中医药大学应邀到埃及苏伊士运河大学进行访问，并建立了在埃及的首个中医中心；2017年，"第三届中非中医药国际合作与发展论坛"在埃及开罗召开，就中医药在埃及以及周边国家的现状和未来、医药进口的相关政策法规等进行了学术和商业探讨；2019年，"中医与功能医学国际会议"在埃及开罗召开，旨在推进中医药在埃及的发展，并将其融入埃及的医疗体系中。同年，埃及艾因·夏姆斯大学派遣访团到北京，并与北京中医药大学签署研究生培养合作协议[10]。

（二）境外消费

境外消费以埃及民众前来中国寻求中医诊疗、观光旅游为主。中国文化和旅游部统计数据显示，2018年全年，中国赴埃及游客数量达到40万人次，2017年为30万人次，2016年为18万人次。无中国游客在埃及消费统计数据（图6-2）。

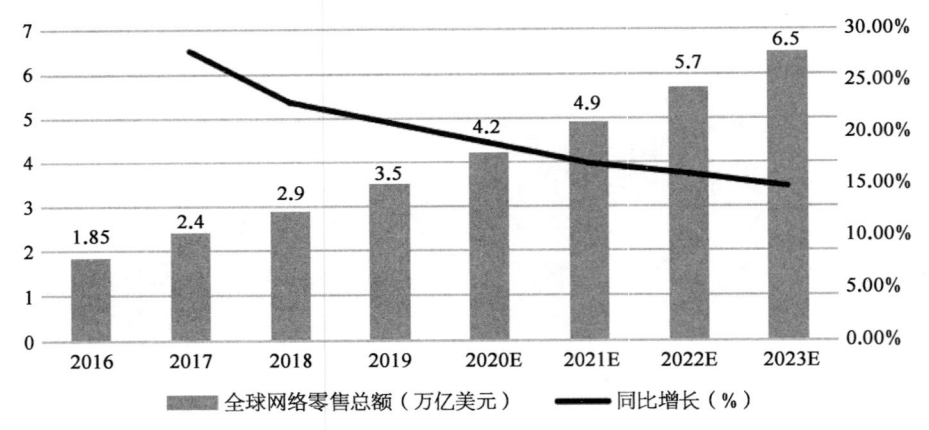

图 6-2 2016—2023 年全球网络零售总额统计

（三）跨境交付

在线支付方面，埃及约有 52% 的人拥有 MasterCard，电子钱包占 13%，而其中 Fawry 电子钱包在埃及市场占主导地位。2019 年，国际广告联盟 Admitad 公司发布了关于埃及电商的最新报告，指出埃及电商在 2018 年发展迅速，电商销售额和交易额的增速均超 150%。在日常线上购物中，埃及人尤其喜欢购买中国商品，其中包含部分中医药产品，但服务贸易的跨境交付鲜见。

（四）商业存在

目前中医药在埃及商业存在基础弱。

（五）自然人流动

随着中埃两国合作日渐密切，自然人流动量也日渐增多。埃及是劳务净输出国，约 800 万劳工在国外务工，国内失业率长期处于 13% 左右的高位，因此，埃及政府一直限制外国劳务进入埃及市场。目前中国在埃及劳务人员主要为工程类项目需要的技术人员。

2002 年中国商务部和国家药品监督管理局两个高级代表团访埃期间受到埃及卫

生和人口部时任部长阿瓦德的接见,中国代表团向埃方提供了18家企业、20个药品作为合作伙伴和推荐的注册药品。2002年,埃及卫生和人口部派遣两位国务秘书赴中国参加中非合作论坛(传统医药论坛)和中医药大会。2003年,埃及国家研究中心的两位学者前往中国山东学习针灸。

2008年3月21日至4月1日,受埃及国家研究中心邀请,山东省中医药研究院赵渤年副院长与田丽莉副主任医师一行2人,与该中心辅助医学研究部共同举办了"埃及国家研究中心第一届针灸培训班"。在此基础上,埃及国家研究中心与山东省中医药研究院签订了合作意向书,根据意向书,埃方将继续举办有关中医基础、针灸、中药学的培训班,并继续邀请山东省中医药研究院的专家授课,在合适的时候埃方还将选派学员来中国进行学习和培训[11]。根据2014年《世界针灸-国际针灸应用调查与分析》显示,部分医生和医学生前往中国学习针灸,有一位从南京学习归国的医生,在埃及著名港口城市亚历山大港开设了一个针灸门诊。

五、市场机遇与潜力

(一) 中医针灸在埃及发展优势

早在1975年,埃及政府就以文件形式对中医针灸的应用予以肯定。1976年,在M. K. ELGogary等医生的努力下,成立了埃及针灸学会,M. K. ELGogary任会长。1984年,M. K. ELGogary医生被选为世界针联筹委会副主席,1987年被选为世界针联副主席。后来随着中国针灸医生在埃及国家医院正式开诊治疗,针灸在埃及的传播与应用进入一个新的阶段。1997年10月,中国中医科学院曾派出三名针灸医生前往埃及开罗金字塔医院执行教学与临床医疗任务。此外,针灸专家吴中朝、陈德成曾经赴埃及工作,为埃及政府要员、普通百姓诊治,同时也在针灸的传播方面做出了大量贡献。

目前在埃及既有国家医院的针灸门诊,如金字塔医院,也有个体诊所的针灸服务,诊所多是由在中国接受过短期培训之后的医生开办的。鉴于针灸的发展势头,埃及政府着手加强审批手续,要求提供学习证明、结业证书、卫生条件证明等,逐步进行管理[12]。

(二) 中药进入埃及市场正逢良机

2003年,中埃双方开展医药合作的重要活动"中埃植物药开发与应用研讨会"在开罗举行,埃及卫生与人口部时任部长阿瓦德·泰格·埃尔丁出席了研讨会。与会专家认为,中埃两国都有大量的药用植物资源,两国的科学家和医务工作者对如何开发和利用这些药用植物做了大量工作。研讨会为双方交流学术成果和增进相互了解提供了平台,促进了双边医药合作。埃及的制药工业相对来说比较成熟,已建立起较为完善的市场体系和工业标准,主要的制药公司已有一定发展。过去6年中,药品产量年均增长10.7%,人均消费量年均增长8.5%。埃及方面希望中国能够提供治疗肝炎(因血吸虫病引起的)、糖尿病等中药产品,并希望与中方合资建厂[13]。

随着埃及经济的增长和人们可支配收入的增加,人均药品消费也将稳步增加,预计未来几年的年均增长可达5%~7%。由于缺少先进技术,缺乏研究开发能力,埃及国内仍然无法生产一些先进药品,因此进口药品在消费中仍占有7%的比例。

(三) 中国与埃及关于中医药的合作项目日益增多

2002年10月,中非传统医药论坛在北京召开,埃及文化部时任第一国务秘书Yahia EL. Hadidi 参加了会议。2008年,山东中医药大学与埃及苏伊士运河大学签约共建中医中心。中国驻埃及大使馆全力支持两校间的中医药交流与合作。中医中心的建立,为山东中医药大学今后在埃及开展中医药教育、医疗和科研工作打下了坚实的基础,对中医在埃及的传播起到积极的推动作用。

2004年,"中西医联合治疗晚期非小细胞肺癌"成为中埃两国政府第一个医药合作交流项目。在这个项目中,由中方提供"三阳血傣"、埃方负责化疗药物,双方共同投资,以美国肿瘤临床学会向世界各国推荐的治疗晚期非小细胞肺癌最新优化方案作对照,在埃及开罗大学国家肿瘤医院等8家权威肿瘤中心联合开展"三阳血傣合并化疗治疗60例晚期非小细胞肺癌多中心、随机、对照临床试验"[18]。

六、风险提示

(一)药品注册手续繁琐

中药若在埃及境内使用、生产,须首先根据有关规定在埃及注册。一种药品的注册往往需要数月,甚至2~3年,手续十分繁杂。药品注册的一个重要的前提条件是市场上已有的替代品种不超过4种,如果定价低于其他替代品,则允许注册。药品进口关税较低,为5%,但对进口药品有以下规定:① 没有相同的国产产品。② 任何一种药品,市场上只能有四种互相可替代品,不论国产还是进口。③ 进口药品需有官方证明,证明其已在原产国销售。④ 任何药品如已在美国、澳大利亚、奥地利、比利时、加拿大、丹麦、德国、芬兰、法国、冰岛、爱尔兰、卢森堡、荷兰、新西兰、挪威、瑞典、瑞士和英国这18个国家之一注册获得销售许可,可免于检验进入埃及市场[14]。⑤ 未获得上述任一国家注册的情况下,药品将提交技术委员会审查,并由埃及医学中心的有关专家进行临床检测试验后,方可办理注册事宜。⑥ 通过美国FDA检验的药品,可直接在埃及办理注册登记手续。⑦ 原料进口关税为5%加上1%的销售税,如原料用于生产基本药品,则免除一半关税和全部销售税[15]。

(二)埃及政府对药品市场控制严格

据悉,埃及已经签署了《关税与贸易总协定》(*General Agreement on Tariffs and Trade*, GATT),并于2005年生效,埃及不得不取消对药品进口的数量和质量限制,并对外国专利药品进行保护,这些都对埃及的制药业产生不利的影响。但埃及政府利用过渡期努力扶持发展民族制药工业,同时,也可能会研究制定政策,为制药工业提供较隐性的保护。

药品管理由于缺少自有专利药品,埃及政府对药品市场实施严格的控制。一方面,埃及政府每年给予某些当地生产的基本药品一定补贴。另一方面,埃及政府以"成本加利润"的方法规定药品的价格。基本药品(国际卫生组织规定用于心脏病、癌症和肝病等严重疾病的药品)的利润率为15%,非基本药品(用于治疗无生命威胁的疾病,如咳嗽和感冒等疾病的药品)的利润率为25%,非处方药的利润率为40%。药品经营方面,埃及政府采取药房许可证管理,根据1955年制定的有关法律规定,不具有药品经营许可证的公司或个人不得经营药品,否则,将被处以5 000埃镑的罚款和1年监禁。

对药品的销售,埃及政府采用药品注册制度和进口药品审批管理,凡要上市销售的药品必须经过注册,进口的药品还必须得到审批,具体政府主管部门为:

(1) 药品政策计划中心。负责药品注册、定价、需求计划制定以及进口药品的审批。

(2) 中央药品事务局。负责备案审核。

(3) 国家药品控制及研究局。负责药品检验,如通过检验,即可颁发注册证书。天然药品由该局所属的药用植物应用研究中心具体负责[22]。

(三) 埃及当地民众对中医药缺乏了解

中医药要在埃及有更大的发展仍然需要付出大量的努力,因为埃及当地民众对中医药缺乏了解,他们仅仅知道中药是天然的植物、针灸能镇痛和减肥,除此以外再没有更多的印象。因此,在埃及传播中医药文化、开展中医药教育培训,以及推行中医药诊疗,就显得尤为重要[23]。

(四) 埃及目前尚未有正规的中医教育体系

埃及人学习中医及针灸的途径主要有三种:一是中国专家在埃开展的中医教学,由于外派中医专家人数有限,且多在公立医院,因此只有少部分医生有机会跟随学习;二是到中国进行长期或短期的学习培训,由于中埃两国相距较远,加之饮食、文化及费用因素,这部分人员也不多;三是到邻近国家或在本地进行学习,埃及比邻欧洲,因此一些人选择到欧洲国家进行中医学习,并在学习结束后返回埃及行医或办班传授[10]。

七、案例分析

（一）教育合作

【所在地区】 埃及苏伊士地区。

【案例概述】 2008年6月11日—17日，山东中医药大学时任校长王新陆一行应邀对埃及苏伊士运河大学进行访问，两校经过友好商谈，正式签订了共同建立中医中心的协议书，这是中国在埃及建立的首个中医中心。中国驻埃及大使馆文化参赞表示将全力支持两校间的中医药交流与合作。访问期间，山东中医药大学访问团分别就中医、中药、针灸、中医护理等相关内容作了高层次的学术讲座，收到了很好的效果。

两国通过技术转移分中心实现合作交流、人员培训、共建研发中心，使双方技术可以在对方国家实现本地化。当地民众也将直接享有简便、廉价、安全的医疗服务；同时，自然医学的发展边界将会愈加拓展，为中埃开展人体科学学术研究创造更多有利条件，并创造更多与埃及医界专家进行学术交流的机会。这有利于把中国先进的医疗技术推广出去，也有利于学习他国的好方法，期待通过中医中心这一纽带，中埃双方共同推进医疗技术不断创新。

（二）第三届中非中医药国际合作与发展论坛

【所在地区】 埃及开罗。

【案例概述】 为推进在"一带一路"沿线国家的中医药海外中心建设、中医药国际标准认可、中药产品注册以及中医药对外交流合作示范基地的建设，进一步整合中医药国际合作资源，构建中医药国际合作平台，世界中医药学会联合会于2017年11月10日在埃及首都开罗举办"第三届中非中医药国际合作与发展论坛"。会议以"推动中医药交流合作服务非洲人民健康"为主题，国内外学者、埃及以及周边国家的医药卫生行业主管部门及企业代表进行了学术研讨、技术交流合作及商业对接洽谈。

会议研讨内容包括：① 中医中药在埃及以及周边国家的现状与未来。② 埃及以及周边国家食品药品监督管理部门医药(包括植物药等)进口的相关政策、法规，所在国家对接企业、机构以及相关商业程序。③ 埃及以及周边国家医疗行业的执业要求及进口药品市场销售业的要求与规定。④ 埃及以及周边国家使用中药(中药饮片、植物提取物、中成药)的情况、药品来源以及主要进口商。⑤ 中国中医药相关厂商在埃及以及周边国家开设分厂、进行二次加工或成品分装上市的可能性及对策。

此外还有实地考察与洽谈，包括：① 考察埃及的医药大学和制药企业。② 考察埃及中医诊所及私立医院。③ 与埃及以及周边国家的经销商、投资商和有合作意向的企业座谈并商业洽谈[16]。中方参会领导嘉宾有世界中医药学会联合会领导，中国国家中医药管理局领导，中国中医药院校教授、学者，中国中医药企业负责人。埃方出席人员有埃及卫生和人口部领导，埃及急救中心负责人，埃及医疗保险管理总局负责人，埃及医疗行业管理局负责人，开罗750医院专家负责人，埃及医生协会负责人，药剂师联合会负责人，艾因·夏姆斯大学医学院教授。其他参会人员有南非共和国中医药组织负责人、学者，加蓬共和国中医药组织负责人、学者等。

中国与埃及在医药医疗领域的合作前景广阔，并表示将进一步推动双方在该领域的交流与合作。中埃医药科技尤其是在肝炎等传染病防治方面的交流进展顺利，目前来自中国的药品在埃及销量不断上升，双方在医疗方面的合作不断加强。今后中埃双方将在医药医疗领域尤其是肝病防治方面进行全方位合作，除了向埃及出口中国研发的药品、双方定期进行学术交流之外，双方也有意进行技术合作。中埃医药行业具有一定的互补优势，合作潜力巨大。这次研讨和学术交流，成为双方医学交流的良好平台[17]。

八、结论与建议

中国国家卫生健康委员会、国家中医药管理局已与埃及政府相关部门签署中医药合作协议，从而具备了中医药在埃及获得合法地位的前提条件。虽然中医药在埃及有了一定发展，但仍存在一定限制。具体实施建议如下。

（一）加强正规中医药教育

高质量的中医药教育是中医走向世界、持续发展的基础。针对目前埃及中医药直接教育相对缺乏的现状，应加强两国政府及高等院校在中医药教育方面的合作，通过在当地及远程教育让埃及医生直接进行系统、优质的学习。同时，可加大该国针灸等专业学会作用，帮助其提高从业人员继续教育水平及诊所等监管。

（二）发挥中医治未病的特色

随着医疗模式由疾病治疗向健康维护的转变，以药物治疗为主的西医学已不能满足这一需求，尤其是在疾病预防与慢性病有效管理方面，这也是很多国家将目光投向中医药等传统医学的主要原因。中医药在养生保健与疾病预防方面积累了丰富的经验，形成了系统的治未病理论与多样的防治方法，在疾病预防与健康维护方面更积极、有效。因此，针对埃及目前健康卫生状况及中医药基础，应发挥中医治未病的特色，先加大穴位按摩、拔罐、太极、气功、导引等非药物疗法的推广[27]。

（三）积极与埃方合资合作

为增强埃及制药业的竞争力，埃及政府鼓励和支持空缺市场的开发，比如植物药剂。埃及有丰富的植物种类，且具有药用价值。中国医药企业可以利用自身在植物药剂方面积累的经验和成熟的生产技术，与埃方企业合资合作，生产原料药和医药中间体，联合开发新产品，比如生产保健药品、保健食品等。目前埃及保健类产品品种比较少，中国生产的西洋参含片、芦荟胶囊、金银花含片等在埃及都有一定的市场。

（四）加入埃及的药品电子销售网络

2002年埃及开发了 Ciranet Pharma，通过网络把埃及乃至阿拉伯国家的药品生产厂家、经销商、药店串联一起，实现网上直接贸易。中药企业可以与该公司合作，通过其网络来加强宣传与联系，扩大中药产品在埃及以及阿拉伯国家的影响[28]。

九、附　件

表6-2　埃及主要医疗保险立法表

法　律	意　义	相　关　内　容
《埃及宪法》	为埃及社会保障体制建设中的医疗保险构筑了基本的原则	第16条：国家将保证文化、健康和社会服务，并将特别致力于以易于实现的和以正常的方式，保证乡村文化、健康和社会服务，以达成实现提高其标准之目的。 第17条：国家将确保社会保障和健康保险服务。所有公民在丧失能力、失业以及老年后都有权依法领到养老金。
《1975年第32号法》	建立了涵盖公务人员和国营部门职工的健康保险计划	缴费每月从职工工资中扣缴，其比例为职工扣缴工资额的0.5%，同时雇主需配套缴纳1.5%。
《1975年第79号法》	规定为私企职工，半国营企业职工和养老金领用者提供医疗保险	缴费政策为职工缴纳工资的1%，雇主配套缴纳3%，养老金领用者缴纳1%。允许企业选择埃及健康保险机构（HIO）之外的私营保险机构，但雇主仍需向HIO缴纳1%的社会团结费。
《1981年第1号法令》	赋予养老金领用者申请医疗保险的权利	养老金领用者参加此类保险，需按照个人领得的养老金金额的2%缴纳医疗保险费。
《1992年第99号法》	所有公立和私立幼儿园及中小学学校的在校学生必须参加健康保险	每年4埃镑，私立幼儿园和学校另外缴纳入学费的10%作为保费，最多保费不超过50埃镑。享受公共财政补贴的公立和私立学校（幼儿园），每位学生/儿童每年需缴纳12埃镑保费。
《1997年第380号令》	发布了学龄前儿童的医疗保险政策	全国学龄前儿童的监护人，必须一次性缴纳5埃镑保费参加医疗保险，同时享受国家给予的适当补贴政策。

（郭诗颖）

参考文献

[1] 商务部国际贸易经济合作研究院.对外投资合作国别(地区)指南(埃及)[EB/OL].http://www.mofcom.gov.cn/dl/gbdqzn/upload/aiji.pdf.

[2] 中国新闻网.埃及国家概况[EB/CD].https://www.chinanews.com/gj/zlk/2014/01-15/4.shtml.

[3] 新华网.中埃关系——南南合作的典范[EB/CD].http://news.cctv.com/china/20060616/102680.shtml.

[4] knoema.埃及数据统计[EB/OL].https://cn.knoema.com/atlas/埃及.

[5] 搜狐财经.专访:埃及希望中国成为其最大贸易伙伴[EB/CD].https://business.sohu.com/20060915/n245363119.shtml.

[6] 中国国旅.埃及国家概况及注意事项[EB/CD].http://qt.cits-sz.net/visaknow/23-362.html.

[7] 黄培昭.埃及人人看得起病[J].党建文汇:上半月版,2004(12):40.

[8] 李超民.埃及医保体制粗析[J].中国医院院长,2014(13):74+13.

[9] 李超民.碎片化低覆盖的埃及医保[J].中国医院院长,2014(13):75-77.

[10] 中国青年报.中医药走进埃及,两国传统医学携手再放光芒[EB/CD].http://zqb.cyol.com/html/2021-02-23/nw.D110000zgqnb_20210223_4-10.htm.

[11] 豆瓣.中医药在埃及(二)[EB/CD].https://site.douban.com/110388/widget/notes/4847541/note/171077094/.

[12] 吴中朝.中医针灸在埃及发展概况[J].中国针灸,2003(6).

[13] 计光辅.中药进入埃及市场正逢良机[J].中药研究与信息,2002(8).

[14] 刘建军.浅谈埃及的医药市场及管理[J].全球科技经济瞭望,2001(5):40-41.

[15] 中国报告网.埃及的制药业分析[EB/CD].http://market.chinabaogao.com/yiyao/044H042006.html.

[16] 许山鹰.经方在治疗腹泻中的应用[J].世界中医药,2017,12(10):2398-2402.

[17] 搜狐健康.中国与埃及在医药医疗领域的合作前景广阔[EB/CD].https://health.sohu.com/20080606/n257322101.shtml.

第七章 莫桑比克共和国

非·洲·卷　中医药海外发展国别研究

一、政治与经济环境

(一) 基本国情

莫桑比克共和国(The Republic of Mozambique,以下简称"莫桑比克")于 1975 年独立,前身为莫桑比克人民共和国,于 1994 年首次举行多党选举,并从此保持一个相对稳定的总统制共和国。据莫桑比克国家统计局统计,2022 年,莫人口约 32 419 747人,城市人口约占 34.66%[1],人口密度 39.7 人/平方千米。其位于非洲东南沿海,南邻南非、斯威士兰,西接津巴布韦、赞比亚、马拉维,北接坦桑尼亚,东濒印度洋,隔莫桑比克海峡与马达加斯加相望,海岸线长 2 630 千米。国土面积 799 380 平方千米[2]。行政区划按照省、市、县三级划分,全国共 10 个省 65 个市(含 1 个直辖市),154 个县。首都马普托为最大城市,全市人口约 271 万人,占全国人口的 8.38%。莫桑比克主要民族有马库阿-洛姆埃族(约占总人口的 40%)、绍纳-卡兰加族、尚加纳族等。官方语言为葡萄牙语,各大民族有自己的语言,绝大多数属班图语系。在主要的大城市中,英语作为商贸用语被广泛应用[2]。

(二) 政治环境

1. **政治制度** 莫桑比克是多党制民主国家。总统由直接选举产生,为国家元首和政府首脑,任期 5 年,只能连任一届。现任总统为丹尼尔·弗朗西斯科·查波。莫桑比克共和国议会是国家最高权力机关,行使立法权,内外政策的任何问题由议会讨论通过方可实施。现任议长为埃斯佩兰萨·比亚斯。国家总理由总统任命,职责包括召集和主持部长理事会(内阁),协助总统统治国家,以及协调其他部长,任期 4 年,现任总理为阿德里亚诺·马莱阿内。莫桑比克司法机构设有最高法院和省、县、区级法院及共和国检察院。最高法院院长阿德利诺·穆尚加(2014 年 7 月经议会投票批准任命,2019 年 7 月连任)。总检察长比阿特丽丝·布希莉(2014 年 7 月任命,2019年 8 月连任)。莫桑比克目前有 20 多个合法政党,以莫桑比克解放阵线党与莫桑比克全国抵抗运动为主要政党。

2. 外交特点　莫桑比克目前与全世界 119 个国家建立了外交关系,奉行"广交友、不树敌"的独立、不结盟外交政策。周边关系上,积极发展同非洲国家特别是南部非洲周边国家的关系,实行睦邻政策。中国是莫第一大外来投资国,两国经贸关系密切。莫是南部非洲发展共同体、东南非共同市场等地区组织成员国。莫积极参与地区政治、经济事务,主张加快地区经济一体化步伐、和平解决地区冲突,赞同成立非洲常备部队,对冲突国家和地区进行主动干预。莫还与博茨瓦纳、南非、斯威士兰等签署了互免签证协议,便利人员往来。

3. 中莫关系　中国与莫桑比克于 1975 年建交。建交以来,两国关系发展顺利,堪称南南合作之典范。2016 年 5 月,中莫建立全面战略合作伙伴关系。中莫两国签有贸易协定和投资保护协定。自 2022 年 9 月 1 日起,中国给予莫 98%输华产品享受免关税待遇。目前中国已成为莫桑比克第四大贸易伙伴国。上海和马普托互为姐妹城市关系。目前旅居莫桑比克的中国公民有 3 000 人左右[3]。

(三) 经济环境

1. 经济概况　莫桑比克是联合国宣布的世界最不发达国家和重债穷国,采用市场经济体制。其流通货币为梅蒂卡尔(MZN),截至 2021 年 2 月,梅蒂卡尔对美元汇率约合 63.82∶1[4]。莫桑比克经济非常落后,2019 年 GDP 约为 152.91 亿美元,人均503 美元[5]。莫桑比克最大贸易伙伴为南非,主要进口产品为机械设备、汽车、石油、粮食等。在莫桑比克投资与建设的主要国家为南非(3.71 亿美元)、中国(1.23 亿美元)、毛里求斯(0.31 亿美元)、葡萄牙(0.27 亿美元)、埃塞俄比亚(0.16 亿美元)[1]。

2016 年以来,受国际大宗商品价格走低、本国天然气开发进度放缓等因素影响,莫主要经济指标持续恶化,债务问题凸显。2020 年莫政府预算收入为 2 356 亿梅蒂卡尔(约合 35.2 亿美元),预算支出 3 454 亿梅蒂卡尔(约合 51.6 亿美元),预算赤字逾1 098 亿梅蒂卡尔(约合 16.4 亿美元)。2020 年莫出口 36.32 亿美元,进口 55.13 亿美元,贸易逆差 18.81 亿美元。

2. 主要产业　莫桑比克以农业为主要产业,是其经济支柱,工业基础薄弱。农业约占 GDP 的 25%,主要依靠鱼类、木材出口。莫桑比克拥有丰富的矿藏,但受到内战和基础设施的限制,大部分未能开采。莫桑比克制造业自 20 世纪 70 年代独立后迅速下降,直至 1995 年 Mozal(该国有史以来规模最大的外国投资)的扩张才有所提升。

3. 对华贸易 中国是莫桑比克第四大进出口贸易伙伴国。官方统计数据没有说明两国进出口的具体商品，但莫桑比克向中国出口额最大的商品仍然是木材，从中国进口的主要商品是家电、建筑设备和工业制成品等。2020年，莫桑比克同中国的贸易额为25.77亿美元。其中，莫桑比克自中国进口总额20亿美元，同比增长2.2%；莫桑比克向中国出口总额5.77亿美元，同比下降19.1%（表7-1）。

表7-1 2016—2021年中莫双边贸易情况[3]（单位：亿美元）

项目＼年份	2016	2017	2018	2019	2020	2021
进出口总量	17.87	18.34	24.95	26.70	25.77	40.36
中国进口	4.79	5.27	6.33	7.12	5.77	11.40
中国出口	13.08	13.07	18.62	19.58	20.00	28.96

4. 莫桑比克内战情况 1977—1992年，莫桑比克国内爆发了长达15年的内战[6]，战争在当时执政党马克思主义解放莫桑比克阵线（FRELIMO，简称解阵党）和莫桑比克民族抵抗运动（RENAMO，简称抵运党）反共政党之间展开。战争期间，抵运党强迫平民参军，其军队中约1/3是儿童兵[7]。为恐吓民众、拖垮执政党经济政策，抵运党在全国范围内摧毁了大量公共服务设施、道路、学校和卫生中心。到1980年代末，抵运党虽然无法占领任何大城市，但仍频繁袭击各农村和较小的城镇，而解阵党也无法牵制反叛军使其进入正面战争。1992年，在联合国支持下，敌对双方正式签署《罗马全面和平协议》，并以维和部队进驻莫桑比克监督莫桑比克民主过渡告终。莫桑比克内战导致约100万人死亡，570万人流离失所，170万人沦为难民。

2013—2019年，抵运党再次叛乱，本次战乱主要集中于莫中部和北部地区，均为小规模游击交火，伤亡较少，但仍然对莫桑比克薄弱的经济、卫生系统造成了影响[8]。2016年，抵运党叛军多次袭击医疗设施。2019年，菲利普·纽西总统和抵运党领导人签署和平协议，结束了六年的武装冲突。然而，抵运党部分成员强烈反对和平协议，分裂为"抵运党军政府"（RMJ）继续对莫桑比克各城镇发动袭击。直至2021年7月，军政府领导人与莫政府进行和谈并停火。

二、医疗健康保障体系现状

（一）基本情况

根据人口健康状况的波动，多年来莫桑比克的医疗保健系统采取了各种政策。莫桑比克内战导致其初级卫生系统遭受重大损失。莫内战结束后，世界银行等国际组织出资帮助莫恢复或重建医院和医疗站，卫生设施的使用得到了改善，政府提高了卫生方面的支出，全国各地卫生机构的人员配置和培训资金也相应增加。从1986年开始，美国国际开发署主要对莫桑比克艾滋病、疟疾、母婴健康方面进行援助[9]。2007年，美国为赞比西亚、楠普拉、德尔加杜角三个北部省份的6座城市、2座中型城镇和600个村庄提供总计2.036亿美元的供水和卫生项目。2010年，非洲开发银行向楠普拉和赞比西亚省的农村供水和卫生设施提供2 800万欧元的联合捐款及贷款。世界卫生组织向莫卫生部提供对结核病、艾滋病、疟疾等传染病以及糖尿病、高血压、心理健康等非传染病的技术支持[10]。

然而，莫医疗条件仍欠佳，公立医院基本实行免费医疗，但严重缺医少药。该国是世界上临床医生比例最低的国家之一。国家卫生服务虽已建立，但仅覆盖一半人口。2018年，莫桑比克国家卫生研究所和卫生部规划与合作局合作，在世界卫生组织的技术支持下，于全国范围内开展了卫生单位的统计工作，但由于当地环境安全和交通条件问题，并未进行完全统计。经统计，莫桑比克公共卫生单位共1 643个，其中1 575个为初级卫生单位，54个为二级卫生单位，7个为三级卫生单位或四级卫生单位。以上受访的公共卫生单位中81%的单位有供电，88%的单位有供水[11]。在辅助诊断能力方面，38%的卫生单位有2至3种辅助诊断手段。2018年，住院床位比率为每10 000名居民5张，产妇床位比率为每1 000名孕妇5张，保健专业人员比率为每10 000名居民6人。共有病床21 583张，医生1 850人，护士5 213人。莫的医药业体制呈城市和乡村二元化态势发展，现代医疗手段与传统草药医术并存，以现代医学为主导。经济条件较好的人一般在私人诊所看病，或到南非等国就医。

(二)医疗管理机构

莫桑比克医疗法律由莫桑比克共和国议会讨论制定,下级政策由莫桑比克卫生部(Ministério da Saúde,MISAU)管理。卫生部下设国家健康促进理事会、国家医疗援助理事会、国家药房管理局等。卫生部统管省和地区级卫生局,负责卫生政策的制定、规划、管理和监督,制定医疗标准并监管各卫生机构依标准从业。

1977年,莫桑比克成立传统医学研究办公室(Traditional Medicine Studies Office);1990年,成立传统医学和药用植物研究部(Traditional Medicine and Medicinal Plants Studies Department)。莫卫生部于2009年成立传统医学研究所(Traditional Medicine Institute),与传统医学相关的课题由卫生部和该研究所共同处理[12]。

(三)医疗机构

1. 公立医疗机构 莫桑比克公立医疗机构由初级保健、农村或地区医院、省医院和中央医院所组成。

据莫卫生部规划与合作局资料,2022年全国共有医疗机构1 778家,其中医院68家,卫生中心1 596家,卫生站114家(详见表7-2)。

表7-2 2022年莫桑比克国家卫生单位统计[13]

省及直辖市	一级单位				二级单位			三级单位	四级单位			总计
	卫生中心和卫生站				医 院							
	市级卫生中心	乡级卫生中心	卫生站	总计	区级医院	乡级医院	常规医院	省级医院	中心医院	专业医院	军事医院	
尼亚萨省	17	178	0	195	3	0	0	1	0	0	0	199
德尔加杜角省	16	110	4	130	2	2	0	1	0	0	0	135
楠普拉省	31	189	14	234	5	2	1	0	1	1	0	244
赞比西亚省	25	232	8	265	7	0	1	0	1	0	0	274

续 表

省及直辖市	一级单位				二级单位			三级单位	四级单位			总计
	卫生中心和卫生站				医 院							
	市级卫生中心	乡级卫生中心	卫生站	总计	区级医院	乡级医院	常规医院	省级医院	中心医院	专业医院	军事医院	
太特省	6	132	3	141	2	3	0	1	0	0	0	147
马尼卡省	8	115	3	126	4	0	0	1	0	0	0	131
索法拉省	14	130	29	173	1	4	0	0	1	0	0	179
伊尼扬巴内省	25	114	5	144	3	2	0	1	0	0	0	150
加扎省	9	112	29	150	1	4	0	1	0	0	0	156
马普托省	12	91	18	121	1	1	1	1	0	0	0	125
马普托市	28	2	1	31	0	0	4	0	1	1	1	38
总计	191	1 405	114	1 710	29	18	7	4	2	1		1 778

2. 私立医疗机构 莫桑比克全国共有243家私人卫生单位,包括诊所或医院、医疗站等。在国家一级医院(14%)以及诊所(7%)提供产前咨询的比例最高,口腔服务(1%)最低。医疗站主要提供门诊(12%),一小部分提供分娩护理和基本外科服务(1%)[11]。

(四)医疗社会保障情况

1. 国民社区医疗保险 卫生保健费用全部由政府卫生部通过国家预算来分配,政府用于卫生系统的经费约占政府年度预算的7%。国家卫生服务机构依靠外部融资来支付药费,对外国非政府组织的依赖程度很高。医疗保险规模小,少数公司、企业为职工买保险,但索赔费时很难兑现。医疗保险具体覆盖率不详。

2. 商业保险 莫桑比克保险法在基础社会医疗保险之外允许公民自主投保多重商业医疗保险,商业保险条款由保险公司依据莫桑比克保险法制定。目前莫桑比克共有6家保险公司,分别是莫桑比克国有保险公司、全球联盟(莫桑比克)保险公司、好乐德莫桑比克保险公司、莫桑比克保险公司、千禧国际保险公司和忠诚保险公司。

三、传统医药的法律与政策环境

莫桑比克传统医学从业者不属于国家卫生服务的一部分,这意味着他们的各项行动不受监管。传统医学研究所正在努力加强与传统从业者的合作。

(一) 医师执业

根据莫桑比克卫生部 2006 年 5 月 3 号发布的《莫桑比克医生勋章及章程》,根据莫桑比克医学会章程以及其他法律规定,医学毕业生和牙科毕业生可以从事或在任何工作制度中从事医学专业或牙科医学。获得医学执照或得到牙科医学许可的外国高等教育者,只要获得了该课程的正式等同性认可并得到了医师执照的正式认可就可在莫行医。根据互惠标准,获得医学许可或牙科医学许可的外国人亦可在莫桑比克行医。目前莫桑比克未有中医师执照与规章。

(二) 药品准入

2017 年 3 月 8 日,莫桑比克议会一致通过了莫政府对 1998 年《药品和疫苗法》的修正案。莫政府对该法进行修改的主要目的,一是保证药品、疫苗和其他生物产品的使用处于"公平环境";二是确保基本药品和疫苗的及时供应和定期供应;三是保证上述产品的供应价格、形态和计量处于公众能够承受的范围内;四是确保药品和疫苗质量,只有经过合法认证的、安全有效的药品才可以在全国流通,未经注册的药品不能销售;五是确保药品的"合理使用",即患者使用的药品适当、适量、实时,且价格系患者所在地区最低价格;六是给予药品生产企业商标和专利保护(新增部分);七是确保患者有权接受合法的卫生专业人士的药品和科研信息,拒绝非法药品广告。随着入世过渡期的结束,莫政府加强了对知识产权的保护,逐渐放开医药市场,并制定了医药业发展新战略,争取国内市场每年以 10% 的幅度增长[14]。

(三) 传统医药教育

莫桑比克传统医药教育主要为中方派遣中医药培训人员在当地开展对医护人员的中医技法培训，或莫人员前往中方中医院校接受传统医药教育。自1992年起，中国每年向莫提供5个奖学金名额。2017年，莫桑比克在华留学生为6名。中莫还签有医疗卫生议定书。目前，坐落在珠海横琴的粤澳合作中医药科技产业园在葡语系国家推广中医药。截至2019年，该产业园在莫桑比克成功举办了9期中医特色疗法培训班，培训了公立医院医生、理疗师及药剂师241人次。目前，中方向莫派出的24支医疗援助队共培训各级各类医务人员2 000余人。

(四) 保险覆盖

目前，中医药治疗已进入莫桑比克公立医院系统，保险覆盖情况不详。

(五) 医药投资

莫桑比克对外商投资是开放的，中方医药投资单项数据不全面(已知有天力士集团在莫桑比克建立分公司)，但中国在莫投资稳步上升，主要集中在农业、能源、矿产、房地产开发、酒店、汽车装配、零售业等领域。医疗合作和传统医药合作主要以中方向莫派遣医疗援助队为主。

四、中医药服务贸易双边合作现状

(一) 传统医药交流历程

莫桑比克长期接受中国医疗援助，自1976年以来，中国向莫桑比克派遣多支医疗援助队，改善当地的医疗卫生条件，培养了一批医疗卫生人员。莫桑比克逐渐出现了运用中医药和当地草药治病的热潮。中国医疗队的中医治疗方法对非洲广泛存在的艾滋病、病毒性肝炎等疾病起到良好的疗效,为中医药在莫桑比克发展打下良好基础。20世纪,中国中成药和保健品逐步进入莫桑比克医药市场。多种中成药在莫市场需求量较大。2017年,中药类市场规模达2.48亿美元,占比9.3%。同年,和平方舟医药船赴莫为当地民众提供免费医疗服务。中医药、针灸以其相对低廉的价格、确切的临床疗效,加上该国国家领导人的信任和支持,在莫桑比克得以不断发展。

(二)境外消费

由于莫桑比克是世界最不发达国家,人均消费能力低,极少有人有能力前往境外接受医疗服务。因此,缺少此方面资料。

(三)跨境交付

据国际贸易中心网站数据,莫桑比克2018、2019、2020三年分别从中国进口草药饮片(不包括甘草根、人参根、古柯叶和罂粟秸秆)4 000、4 000、1 000美元[15]。据中国海关统计数据,2020年莫桑比克自中国进口中式成药457 702美元[16]。由于莫桑比克国内互联网普及程度极低,且人均消费能力差,互联网跨境交付未能推广成型,亦未能形成云诊断、云治疗的平台体系。

(四)商业存在

天士力集团于莫桑比克开设有天士力海外经销公司[17]。但天士力控股集团官网天士力全球未见具体数据[18]。

(五)自然人流动

目前主要形式为中国培养莫桑比克医师学成后返回莫桑比克提供中医医疗服务,或通过医疗援助队在莫桑比克进行中医医疗服务。自1976年,中国就开始向莫桑比克派出援助医疗队,至今已48年,共派出24批医疗队。中莫双方签订了《中华人民共和国政府和莫桑比克共和国政府关于中国派遣医疗队赴莫桑比克工作的议定书》。其中,双方对以下内容达成共识:中国医疗队工作地点是马普托市中心医院。中国医疗队所需的医疗设备、器械、药品、医用敷料和化学试剂由莫方供应[19]。

中莫服务贸易大事记见表7-3。

表7-3 中莫服务贸易大事记

时间	事件	意义
2001年	签订投资保护协定,并共同成立"中国-莫桑比克经济、技术和贸易合作联合委员会"(简称中莫经贸联委会)	对双边经贸合作的优先领域和重点项目进行阶段性统筹规划
2002年	"莫桑比克(中国)投资开发贸易促进中心"落成	推动中国企业到莫桑比克开展投资和各种经贸活动
2016年5月	签订关于开展产能合作的框架协议	确定产能合作重点领域、协商和推动产能合作重大项目,以及研究出台有关政策措施
2016年5月	签订关于在莫桑比克建设经贸合作区的谅解备忘录	积极推动经贸园区建设
2017年7月	珠海横琴新区粤澳合作中医药科技产业园成立,在葡语系国家推广中医药	带动中医药产业与"一带一路"文化建设

五、市场机遇与潜力

莫桑比克资源丰富、地理优势明显、经济发展潜力较大,且中莫传统友谊稳固,政治高度互信,发展理念相通,互补性强,两国经贸关系紧密,同时莫桑比克拥有丰富的劳动力资源,而且劳动力成本低廉,还有丰富的草药资源。从资本情况看,非洲虽然缺乏资本,但是中国中医药企业不乏实力雄厚者,如天力士等。另外,中国驻莫桑比克使馆经商参赞处承诺将在信息收集、政策解读、统筹协调、交涉保护等方面为企业提供积极支持与帮助。

(一)传统医药在莫桑比克有一定价格优势

从医药产品类别看,莫医药市场呈现明显的中西分化特征,主要是其受西方医药理论的深入影响。在其26.64亿美元的医药市场,西药类产品市场规模达15.96亿美元,占比59.9%;中药类市场规模达2.48亿美元,占比9.3%;医疗器械类产品市场规模达8.2亿美元,占比达30.8%。莫桑比克目前处于贫困线以下的人口比例仍超过50%,2017年其人均医疗健康支出72美元,全国医疗支出占GDP总量不到6%。中药所占的市场份额小,但中草药的价格其实并不比西药昂贵,甚至有些还比西药更加低廉、有效。药用植物在非洲种植仍处于起步阶段,只有少数国家采取商业化药用植物种植,莫桑比克药用植物来源仍主要源自自然采摘[20]。为推进中药种植在非洲可持续发展,可发展莫中药种植产业,莫政府也鼓励对药用植物开展种植[21]。面对非洲小农经济,需要对非洲中药种植厂商及种植个体户进行科学种植和采收的教育,譬如种植日期、施肥、灌溉系统和收货方法的优化,以及控制种植环境进而降低中药生长中的变异性、受污染性等,从而控制中药的生物活性成分含量,保障中药在非可持续性种植[22]。

(二)莫桑比克投资吸引力大

莫桑比克自然资源丰富,地理位置优越,经济发展潜力巨大,近年来对外国投资的吸引力不断提升。根据莫桑比克投资和出口促进局(APIEX)统计,莫桑比克吸引的外国投资自2011年以来快速增长,投资额从每年的几亿美元增长到2014年最高的70亿美元,投资来源国数量从十几个增加到60多个。据联合国贸发会议发布的2018年《世界投资报告》显示,2017年,莫桑比克吸收外资流量为22.93亿美元;截至2017年底,莫桑比克吸收外资存量为380.19亿美元。此外,世界经济论坛《2017—2018年全球竞争力报告》显示,莫桑比克在全球最具竞争力的137个国家和地区中排第136位。世界银行发布的《2018年营商环境报告》显示,莫桑比克的营商便利程度在190个经济体中列第138位。但由于2020年新冠疫情影响,莫桑比克的外国直接投资降至22亿美元,为近十年低点(下降18%,但与2017年报告的水平相似),矿业的外国直接投资收缩了三分之一[23]。

(三)中莫携手促进经济多元化发展

莫桑比克是中国在非洲的传统友好国家和重要合作伙伴。中莫建交49年以来,两国关系稳定发展,经贸往来日渐增多,合作领域和规模不断扩大,成果丰硕。中国是莫桑比克的主要贸易伙伴、基础设施项目最主要的融资方和建设者之一,合作优势突出。莫桑比克地处东南部非洲内陆国家重要出海口,是区域性交通走廊,具有地理互通优势。

(四)中方与莫桑比克的文化交流密切

2011年4月,莫桑比克蒙德拉内大学与中国国家汉办正式签署在莫首都马普托共建蒙德拉内大学孔子学院的协议。2012年1月,中方正式派遣中方院长和汉语教师志愿者前往莫桑比克蒙德拉内大学筹建孔子学院,并于同年10月正式挂牌成立。从此,两国文化交流正式通过官方教育载体展开。截至2018年3月,该孔子学院已在莫桑比克首都马普托、中部城市贝拉、北部城市楠普拉等地建立了11个教学点,共有汉语教师和志愿者24人,注册学员1 000余人。孔子学院汉语教师、志愿者、学生以及孔院所依托的合作方蒙德拉内大学开展的汉语教学和丰富多彩的中国文化活动是近年来中莫文化交流的中坚力量。另外,该孔子学院经过前期不懈的努力,在2016年与蒙德拉内大学文学和社会科学院合作开设了莫桑比克第一个汉语专业,将汉语教学正式纳入莫桑比克国家教育体系,极大地提升了汉语在莫桑比克的地位和影响力。2016年5月,《中华人民共和国和莫桑比克共和国关于建立全面战略合作伙伴关系的联合声明》发布,明确提出"21世纪海上丝绸之路"倡议。双方将进一步扩大人文交流,促进两国在文化、教育、卫生、青年、地方政府、智库、媒体等领域的合作。双方将共同建设好莫中文化中心和孔子学院,加强两国青年、智库、媒体交流,支持两国建立更多友好省市关系,促进地方政府交流与合作。

六、风 险 提 示

中国企业在莫投资面临的风险较多,包括政治风险、商业风险、环评风险等,建议中国企业在开展对莫投资合作过程中依托中国政策性保险机构提供风险保障。

(一) 基础设施较差

1. **电力** 莫桑比克全国90%以上电力供应依靠赞比西河上的卡奥拉·巴萨水电站(装机容量为207.5万千瓦),国家电力供应存在的主要问题是缺少投资建设发电设施、输变电线路老旧和覆盖率低。短期内莫桑比克电力供应基本能够满足使用需求,一旦北部天然气开发进入密集建设期,或大型工业项目陆续开工,其电力供应将出现短缺。莫桑比克国内电网覆盖率较低,现有输电线路主要集中在大城市沿线及周边地区。中资企业到莫桑比克投资设厂,如果用电量较大或在电网覆盖范围外,则需要自备发电设备或自建输变电设施。

2. **公路** 截至2018年,莫全国公路长度约3.1万千米,其中仅7 344千米(24%)铺设沥青。主干路长6 038千米,二级公路长4 937千米,三级公路和乡村公路长19 525千米。贯穿国家南北的N1公路,连接首都马普托与南非边境的N4公路,以及连接中部城市贝拉与津巴布韦边境的N6公路是最主要的国际物流通道。除了几条国道和主要城市市政道路外,莫桑比克全国大部分公路路况较差。

3. **铁路** 总长4 029千米,但部分路线由于老旧或战火损毁已经停运,仍在运营的线路长度3 372千米,由三条东西走向的铁路组成,用于连接莫桑比克主要港口与津巴布韦、博茨瓦纳等南部非洲内陆国家,其均为标准窄轨铁路,设施陈旧,运力较低。由淡水河谷集团投资建设的连接莫桑比克北部煤炭重镇莫阿蒂泽与纳卡拉港的纳卡拉铁路已建设完成并开始运营,将有力促进莫桑比克煤炭资源出口。莫桑比克主要城市目前没有地铁或城铁等轨道交通。

(二) 部分城市和地区仍不稳定

莫桑比克国家政局总体稳定,但1992年结束内战后,最大反对党抵运党仍保留了武装,给国内实现持久和平留下隐患。长期以来,政府和抵运党武装不时爆发武装冲突,主要集中在莫桑比克中部的索法拉省和西部的马尼卡省、尼亚萨省等地区。经过国际社会调停,以及执政党与抵运党旷日持久的谈判,莫桑比克国内和平进程于2017年5月取得突破性进展,两党宣布无限期停火,就权力下放、抵运党武装安置方案等核心问题展开谈判。由于经济复苏步履艰难,当地人民家庭收入锐减,马普托、马托拉、贝拉等大城市社会治安不佳,针对住宅、商店、工厂及外国企业和人员的偷盗、抢劫、绑架案件时有发生,且案件发生以后多难以侦破。根据莫桑比克中资企业商会统计,2016年莫桑比克共发生针对中国企业和人员的抢劫案20起(其中3起未遂)。莫桑比克禁止公民持有枪支,依法成立的安保公司可向莫桑比克内政部申请持枪许可。建议赴莫桑比克人员不单独或天黑后上街,夜间紧锁门窗,外出时不将现金、重要证件、贵重物品留在房内或置于明处,不要到偏僻的街巷或当地人较集中地区逗留、购物。中资企业应加强安全防范措施,严格内部管理制度,人员外出尽量结伴而行;建立健全突发事件应急预案,做到人人熟悉程序和步骤。

(三)宗教禁忌

在莫应尊重当地宗教信仰。莫45.6%民众信奉基督教和天主教,31.9%信奉原始宗教,19.7%信奉伊斯兰教,2.8%信奉印度教和其他宗教。信奉伊斯兰教者禁食猪肉、忌讳使用猪制品,也反感有人谈论猪。切忌以他人宗教信仰开玩笑。

七、案 例 分 析

(一)和平方舟在莫桑比克进行医疗援助

【所在地区】 莫桑比克马普托港。

【案例概述】 2017年11月,和平方舟医院船首次到访莫桑比克。在和平方舟医院船中医科的诊疗室,当地民众接受了中医的拔罐治疗。治疗结束后,其中一名叫作伊莎贝尔的女士说道,自己因手臂、肩膀、腰等多处疼痛而前来求治,这也是她首次体验中医治疗,并且感觉不错,会介绍朋友邻居也过来试一试。

和平方舟医院船在非洲的访问取得了良好的效果,旨在通过访问莫桑比克,为当地民众提供免费的医疗服务,发展巩固中莫两国的友好关系。同时也为中医药开拓海外市场,吸引更多受益者选择中医药治疗。

(二)粤澳合作中医药科技产业园

【所在地区】 珠海市横琴岛。

【案例概述】 2017年9月,粤澳合作中医药科技产业园成功帮助2家中成药企业完成了在莫桑比克的注册工作,其中一家是扎根在澳门的中药厂,借此协助澳门的中医药企业"走出去",把握"一带一路"发展机遇,拓展海外市场。粤澳合作中医药科技产业园已经累计帮助中国(包括澳门在内)企业的6款产品成功在莫桑比克获得上市批文,分别是以岭药业的连花清瘟胶囊、太极集团的藿香正气液、漳州水仙的风油精、澳门张权破痛油、澳门澳邦莲花万应膏及薰衣草油,另有多款产品正在注册中。

根据产业园与莫桑比克卫生部的合作内容,自2015年以来,产业园已在当地成功举办了多届针对当地公立医院系统的医生和理疗师的中医技法专业培训,基本建立了"以医带药"进行中医药产品和文化的推广模式。同时根据市场需求,特别是根据产品在疗效以及安全性方面的要求,最后严格筛选了连花清瘟胶囊和在澳门使用了约30年、具有良好临床基础的张权破痛油作为试点产品进行注册。在注册过程中,产业园克服了法律差异、不同注册要求下技术方案的调整,以及技术文件的规范等各种问题。

成功在莫桑比克完成产品注册工作,对产业园在未来帮助更多符合要求的优质中医药产品进行国际注册、拓展海外市场起到了一定的示范作用,也为产业园已承接的国家中医药管理局"中医药产品海外注册公共服务平台"工作奠定了一定的基础。产业园分别与两家企业和莫桑比克经销商NATUR共同签订了三方贸易协议,将采用深耕推广的贸易模式在莫桑比克开展中医药产品贸易。

(三)中国医疗队在马普托市中心医院

【所在地区】 莫桑比克马普托市。

【案例概述】 2004年,河南省华龙(莫桑比克)中医院有限公司在郑州宣布成立。马普托市中心医院位于莫桑比克共和国首都马普托市嘎乌拉巴西大街中心,与莫桑比克陆军总医院毗邻。医院总投资35万美元,由河南省中医专家姚忠显先生等与莫桑比克共和国新年有限公司合资筹建,总计床位100张,总面积600平方米,设中医内科、骨伤科、妇产科、肿瘤科等门诊部及住院部,由中方派出中医医师,其他辅助人员在当地招聘。该医院自开业以来,运转良好。

在莫中国医疗队(含中医内科)帮助完善当地民众的卫生保健工作,效果显著。莫桑比克和中国之间卫生领域的合作以两国签署的合作协议为约束。自莫桑比克独立以来,依据该合作协议,中方派遣医疗团队赴莫,而莫卫生部依据规范聘用中国医学专家。在合作中,中国医疗团队的任务是为当地居民提供专业医疗援助,并与安置地点的其他技术人员密切合作,参与莫桑比克专家的培训。每当医疗团队的任务到达合同期限时,莫卫生部就会举行该医疗团队交流仪式,为这些专业人士开展的无私工作颁发表彰证书。以上举措有利于中医药在莫桑比克打开市场,靠口碑吸引更多民众选择中医药,但尚需扩大规模,培养相关人才。

八、结论与建议

经济方面,莫桑比克经济仍处于发展阶段,外汇储备少,财政赤字较高。中莫间贸易处于上升趋势。目前中国是莫桑比克最大的投资国。传统医药方面,莫人民对传统医药接受率高,国家传统医药法规仍不完善,发展停留在中国派遣援莫医疗队上。具体建议如下。

(一) 深度融入当地

了解中央政府和地方政府的相关职责,了解议会的职责以及他们在一定时期内关注的焦点、热点问题,积极参与当地社区建设,履行社会责任,展现中国企业担当,以树立中国企业良好形象。同时,应主动听取当地议员、政府主管部门以及部族首领的意见,取得他们的理解和支持,帮助中国中医药企业在当地取得更好的发展。

(二) 推动中医药的传播

中国传统文化博大精深,随着中莫交往日益密切,不少莫桑比克民众和企业对中国文化更加了解,并抱有浓厚兴趣。粤澳合作中医药科技产业园设置的马普托中医药中心项目筹备办公室已于2018年7月揭牌,项目计划负责开展培训、门诊、产品销售、联合研发等业务。中医药企业可借助该项目继续深化在莫中医药相关投资,宜将中国文化同"入乡随俗"有机结合起来,主动介绍中莫文化差异,以便莫方更好地了解中医药企业的理念和投资目的。中医药企业还可结合中国传统佳节,以合适的方式与当地居民甚至社区共同庆祝,增进彼此了解和感情,营造有利于中医药发展的外部环境。

(田嘉禾)

参考文献

[1] Instituto Nacional de Estatística. População 2023 [EB/OL]. http://www.ine.gov.mz/.

[2] Wikipedia. Mozambique [EB/OL]. https://en.m.wikipedia.org/wiki/Mozambique.

[3] 对外投资合作国别(地区)指南编制办公室. 对外投资合作国别(地区)指南——莫桑比克(2021年版)[R].中国：商务部国际贸易经济合作研究院，2021.

[4] NSDP Moçambique. Exchange Rates [EB/OL]. http://cb.mozambique.opendataforafrica.org/ohtxlxg/exchange-rates.

[5] The World Bank. Mozambique [EB/OL]. https://data.worldbank.org/country/mozambique.

[6] Wikipedia. Mozambican Civil War [EB/OL]. https://en.wikipedia.org/wiki/Mozambican_Civil_War#cite_note-55.

[7] Tom Hartley. Renamo and the LRA：The history and futures of African child soldiers [EB/OL]. http://newhistories.group.shef.ac.uk/wordpress/wordpress/renamo-and-the-lra-the-history-and-futures-of-african-child-soldiers/.

[8] Wikipedia. Renamo insurgency (2013 – 2021) [EB/OL]. https://en.wikipedia.org/wiki/RENAMO_insurgency_(2013%E2%80%932021).

[9] USAID. Mozambique global health [EB/OL]. https://www.usaid.gov/mozambique/global-health.

[10] WHO. Mozambique country health topics [EB/OL]. https://www.afro.who.int/pt/countries/mozambique.

[11] Infra-estruturas equipamentos recursos humanos Serviços de Saúde. SARA 2018 INVENTÁRIO NACIONAL [R]. Mozambique：MISAU, 2018.

[12] WHO. WHO global report on traditional and complementary medicine 2019 [EB/OL]. https://apps.who.int/iris/bitstream/handle/10665/312342/9789241515436-eng.pdf?sequence=1&isAllowed=y.

[13] República De Moçambique Ministério da Saúde Direcção de Planificação e Cooperação. Boletim Estatístico Mensal de Saúde Setembro 2022 [R]. República De Moçambique：República De Moçambique Ministério da Saúde Direcção de Planificação e Cooperação，2022.

[14] 严明,黄泰康.我国医药企业开发非洲市场的途径[J].医药导报,2008(8)：1015 – 1017.

[15] ITC. Trade map [EB/OL]. https://www.trademap.org/Bilateral_TS.aspx?nvpm=1%7c508%7c%7c156%7c%7c1211%7c%7c%7c4%7c1%7c1%7c2%7c1%7c1%7c1%7c.

[16] 海关统计数据在线查询平台.海关统计数据在线查询[EB/OL].http://43.248.49.97/.

[17] 人民网.天津天士力举行升旗仪式 庆祝集团成立十五周年[EB/OL].http://news.sohu.com/20090608/n264407605.shtml.

[18] 天士力.天士力全球[EB/OL].https://www.tasly.com/list-19-1.html.

[19] 李安山.中国援外医疗队的历史、规模及其影响[J].外交评论(外交学院学报),2009,26(1)：25 – 45.

[20] Moshi M J, Mhame PP. Legislation on medicinal plants in Africa [J]. Medicinal plant research in Africa, 2013：843 – 858.

[21] Felisbela Gaspar. First international traditional and complementary medicine congress [EB/OL].https://www.sesric.org/imgs/news/1934_Mozambique.ppt.

[22] Tanga M, FB L, OA O, et al. Cultivation of medicinal plants in South Africa：A solution to quality assurance and consistent availability of medicinal plant materials for commercialization [J]. Academia Journal of Medicinal Plants, 2018, 6(7)：168 – 177.

[23] UNCTAD. World investment report 2020 [R]. U.S.：U.N., 2020.

[24] 胡小全,周敏,张萍.莫桑比克食用菌产业发展探讨[J].现代农业科技,2021(15)：243 – 247 + 258.

[25] 中国领事服务网.莫桑比克[EB/OL].http://cs.mfa.gov.cn/zggmcg/ljmdd/fz_648564/msbk_650923/cyxx_650969/.

第八章 塞内加尔共和国

一、政治与经济环境

(一) 基本国情

塞内加尔共和国(The Republic of Senegal,以下简称"塞内加尔"),1959年4月与马里结成联邦,后于1960年退出马里联邦宣告独立建国。据世界银行统计数据,2020年,塞全国人口约1 674.4万人,人口密度82人/平方千米,是西非人口较稠密的国家之一,但人口分布不均衡,西南半部集中了全国人口的84%,而东北部仅占16%。塞内加尔位于非洲西部凸出部位的最西端,北接毛里塔尼亚,东邻马里,南接几内亚和几内亚比绍,西邻佛得角群岛,国土面积19.67万平方千米,世界国土面积排名第86位,海岸线长约700千米。行政区划按照大区、省、县、基层市镇和村社划分,全国共14个大区,下设45个省,177个县,483个基层市镇和村社,首都达喀尔为最大城市,市辖人口390万人,约占全国人口的23.3%。塞内加尔主要民族为沃洛夫族、颇尔族、谢列尔族;官方语言为法语,全国约80%人口通用沃洛夫语;外语方面,多数塞内加尔人将英语作为第二外语,目前,正在崛起的塞内加尔语言民族主义运动支持将本土语言沃洛夫语融入国家宪法。伊斯兰教是该国的主要宗教,信徒约占总人口的95.5%,其中重要的教派有梯贾尼亚教派(占54%)和穆里德教派(占38%)。还有4.2%的人口信奉天主教,其余信奉拜物教和原始宗教。

(二) 政治环境

1. **政治制度** 塞内加尔同俄罗斯、法国一样均是半总统共和制国家,即总统作为国家元首,掌握一定行政权的同时,其组建的政府也必须对议会负责,接受议会监督的国家政体形式。总统由直接普选产生,是国家元首和武装部队最高统帅,任期5年,只能连任一次。现任总统为巴西鲁·迪奥马耶·法耶,现任议长为马利克·恩迪亚耶。塞内加尔宪法规定,司法权由宪法委员会、最高法院、审计法院、各级地方法院和法庭行使。最高法院院长为马马杜·巴迪奥·卡马拉。总检察长为谢赫·艾哈迈德·蒂迪亚内·库里巴利。塞内加尔实行多党制,目前全国有250多个合法政党,以争取共和联盟(现执政党)、进步力量联盟、塞内加尔社会党、塞内加尔民主党为主要政党。

2. **外交特点** 塞内加尔目前与120个国家建立了外交关系,奉行全方位和不结盟外交政策。塞积极倡导维护非洲团结,促进非洲经济一体化、南北对话、南南合作和建立新的国际政治和经济秩序,与法国密切联系,并积极发展同美国关系;重视发展同邻国、阿拉伯国家和新兴国家的关系。法国是塞第一大外来投资国,两国经贸关系密切。塞现为联合国、世界贸易组织、不结盟运动、法语国家组织、伊斯兰合作组织等组织成员国[1]。

3. **中塞关系** 中国与塞内加尔于1971年12月7日建交。2005年10月25日,中国与塞内加尔恢复大使级外交关系。此后双边关系发展顺利。2016年9月,中塞建立全面战略合作伙伴关系[2]。

(三) 经济环境

1. **经济概况** 塞内加尔是联合国宣布的世界最不发达国家之一,采用市场经济体制。其流通货币为非洲金融共同体法郎,简称非洲法郎(FCFA),对美元汇率约为543.06∶1。塞内加尔经济比较落后,2020年GDP约为239亿美元,人均1 427美元。塞内加尔最大贸易伙伴为法国,主要进口食品和饮料、资本货物、燃料等。在塞内加尔投资与建设的主要国家为法国、中国、美国[3]。

塞政府实行的振兴计划及农业增产有效推动了经济发展,近几年塞内加尔经济持续稳步增长。2020年,塞内加尔财政收入2.842万亿西非法郎(约合45.72亿美元),支出3.746万亿西非法郎(约合60.3亿美元),赤字9 093亿西非法郎(约合14.63亿美元),占GDP比重为6.12%。

2. **主要产业** 塞内加尔以农业为主要产业,70%的人口从事农业生产,具备一定的工业基础。农业约占GDP的18%,但是粮食不能自给,农业以种植花生、棉花为主,主要依靠渔业产品、花生、棉花出口。塞内加尔是西非地区工业较发达的国家之一,其产值约占GDP的25%。塞内加尔渔业加工发达,产业链齐备。花生油生产也是当地最重要的出口创汇加工工业之一。

3. **对华贸易** 2020年中国和塞内加尔双边贸易总额28.79亿美元,同比增长14.66%,其中自华进口贸易总额为25.63亿美元,同比增长15.92%,中国已成为塞内加尔第二大进口来源国；塞对华出口贸易总额3.16亿美元，同比增长5.33%（表8-1）。2008年，中国给予非洲最不发达国家（含塞内加尔）442项商品零关税待遇。2015年受惠产品范围扩大至97%的商品，但须提供原产地证书。

表8-1 2016—2020年中塞双边贸易情况（单位：百万美元）

项目 \ 年份	2016	2017	2018	2019	2020
总额	2 356	2 190	2 271	2 511	2 879
塞进口	2 194	2 041	2 143	2 211	2 563
塞出口	162	150	129	300	316

资料来源：中国驻塞内加尔大使馆经商参赞处。

二、医疗健康保障体系现状

（一）基本情况

塞内加尔的医疗卫生服务体制根据国家行政管理体制建立。医院分为3级：地区医院、社区卫生中心和卫生站。农村卫生保健分为三个部分：卫生中心、卫生站和卫生点。此外，塞内加尔还有2所大学医院和少量的私人诊所。卫生中心一般有1~2名医生和15~20名医疗卫生人员。卫生站一般有4~5名卫生工作者。卫生点配备1~2名卫生代理人和1名助产士。塞内加尔医疗卫生现状是缺医少药，无法满足基本医疗需求，边远地区和乡村地区的医疗条件薄弱。据世界卫生组织统计，2015年塞内加尔全国经常性医疗卫生支出占GDP的4%。

（二）医疗管理机构

塞内加尔医疗法律由塞内加尔国民议会讨论制定，下级政策由塞内加尔公共卫生总局(La Direction générale de la Santé Publique)管理,如实施和监测卫生政策。公共卫生总局还负责协调和监测卫生计划的实施;监督医药单位、健康培训和研究单位(UFR)以及卫生领域所有其他高等教育机构;负责医疗、牙科、制药、准医疗和传统医学专业的监管。

(三)医疗机构

1. *公立医疗机构*　塞内加尔有各类医院1 981所,医院病床4 717张,医师1 100名;每万人拥有3张医院病床、0.7名主治医师。公立医疗机构短缺药物是面临的主要问题,而天主教诊所和公司诊所很少发生这种情况。2017年,农村地区获得卫生设施的比例为42.3%,城市地区为57.7%[4]。

2. *私立医疗机构*　塞内加尔私立医疗机构分为四类:罗马天主教会开办的诊所,由企业开办的公司诊所,营利性机构,以及其他类。由企业开办的公司诊所只对内提供有选择的服务;营利性机构是一些有少量病床,为某些住院患者提供服务的机构,一般质优价高;其他类是指一些非营利的和协会、宗教有关系的机构,如红十字会和穆斯林诊所。塞内加尔共有27 546个私营卫生机构,其中包括:1 236个保健设施,涵盖3家医院、37个保健中心、359个诊所、118个诊所、443个辅助诊所、132个企业设施、111个私人保健站;33个诊断设施,包括26个生物医学分析实验室、7个放射和医学成像中心[1]。全国80%的私营医疗机构、53%的私营药房均集中在首都达喀尔。

(四)医疗社会保障情况

1. *国民社区医疗保险*　塞内加尔全国32%的人口拥有医疗保险[6],政府于2012年启动医疗社保全覆盖政策,目标是至2017年医保覆盖率达75%。2014年3月11日,塞内加尔公职就业和劳动部部长表示,缴纳医保是企业和雇主的义务,人数达到300人的企业必须建立医疗公积金,人数不足300人的企业须加入或并入现有医保和企业间医保体系。据悉,塞将成立医保协调机构,对现有的企业进行清查,监督企业医疗保险缴纳情况,建立医疗保险基金和互助基金,将医保覆盖面扩展到非正规企业的雇员和工人。

2. *商业保险*　塞内加尔保险业近年来发展迅速,2013—2018年年增长率可达8.3%。目前塞内加尔共有29家保险机构,其中10家从事寿险,19家从事非寿险。

医疗保险部分不详。

三、中医药的法律与政策环境

塞内加尔"安达卫生"(Enda - Santé)国际民间组织在塞政府有关部门的帮助下制订的一项草药种植计划,旨在持久地保护和利用草药[7]。塞内加尔还没有中医药相关的法律。

(一) 医师执业

根据塞内加尔卫生部1966年7月4号发布的《关于医学实践和医师学院》[8],塞内加尔医学博士或外国文凭的持有人根据高等教育事项的现行规定可以认可同等学力并在塞从医。目前塞内加尔未有中医师执照与规章。

(二) 药品准入

塞内加尔使用GMP认证采购药品,每两年修订一次基本药物清单。塞内加尔会采取一些强有力的措施来控制进入本国的药品质量,但假药仍然存在。塞内加尔国家药品管理局履行对药品的监管职责。中草药市场数据未见。

(三) 传统医药教育

塞内加尔传统医药教育主要为接受中方中医药培训人员在当地开展的培训,或塞人员前往中方中医院校接受传统医药教育。塞内加尔致力于为传统医学和常规医学从业者之间的培训、合作和信息交流创造有利条件。塞内加尔和南非等8个国家建立了传统医学从业者、传统医学知识和生物资源访问的数据库。目前,中方向塞派出的第19批医疗援助队已为各类医疗卫生人员提供培训,涉及公共卫生、传染病防治、急救、疫苗、儿科、危重病治疗等领域。

（四）保险覆盖

中医药保险覆盖情况不详。

（五）医药投资

塞内加尔的外商投资环境是开放的,中国在塞投资稳步上升,主要集中在农业、能源、矿产等领域。医疗合作和传统医药合作主要以中方向塞内加尔派遣医疗援助队为主。2017年,来自中国的三大主要医药产品占塞内加尔进口总额的百分比分别是：原料药占32%、医用耗材占23%、医院诊断设备占18%[9]。2019年,塞内加尔从中国进口的医药保健品的进口额约为457万美元。

四、中医药服务贸易双边合作现状

（一）传统医药交流历程

中国援塞内加尔医疗队始于1975年,医生主要来自福建。1996年中塞外交关系中止,2005年复交,2007年医疗队再次派出。截至2020年,中国已向塞派遣19批医疗援助队,总计297人。医疗队在一定程度上改善了当地的医疗卫生条件,也为塞培养了一批医疗卫生人员。中医的独特治疗方法帮助当地民众治愈失眠、偏头痛、肩周炎、坐骨神经痛等大量常见病,为中医药在塞内加尔发展打下良好基础。近年来,中塞双方不断加强在民生领域尤其是医疗卫生领域的合作,中国建设者在当地参与儿童医院的扩建工程,项目建成后将使医院升级为妇幼医院；中方定期向塞方捐赠抗疟药品,帮助塞方提高疟疾防控能力；中方邀请了大量的塞方医生和技术人员参加中国举办的各类医疗卫生领域培训研讨班。据中国海关统计,2020年,中方向塞内加尔累计出口22 592千克中成药,总金额达154 885美元[10](各年份情况详见图8-1)。

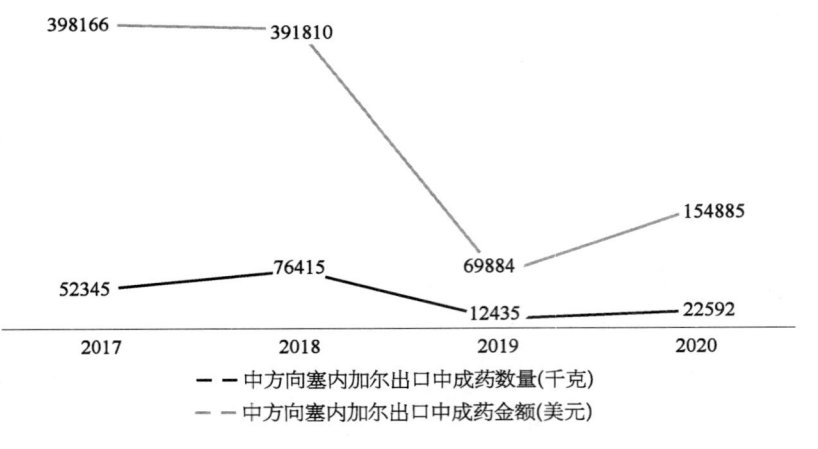

图 8-1 2017—2020 年中方向塞内加尔出口中成药情况

(二) 境外消费

由于塞内加尔人均消费能力低,极少有人有能力前往境外接受医疗服务。因此,缺少此方面资料。

(三) 跨境交付

塞内加尔经济体量小,市场狭小,民众购买力低,互联网跨境交付未能推广成型,亦未能形成云诊断、云治疗的平台体系。

(四) 商业存在

中医药在莫桑比克商业存在不详。

(五) 自然人流动

目前主要形式为中国派遣中医药人员前往塞内加尔提供培训,或医疗援助队在塞内加尔进行中医医疗服务。中塞医疗卫生领域合作源远流长,追溯至 20 世纪 70 年代,涉及派遣医疗队、进行药械捐赠、援建妇幼医院、选派塞方医务人员到中国培训、开展白内障免费手术、加强公共卫生协作等多种形式,医疗卫生合作进一步拉近两国人民的关系。中塞双方签订了《中华人民共和国政府和塞内加尔共和国政府关于中国派遣医疗队赴塞内加尔工作的议定书》[11]。其中,双方对以下内容达成共识:中国医疗队工作地点是比基纳医院。中国医疗队所需的医疗设备、器械、药品、医用敷料和化学试剂由塞方供应。塞方没有的中成药和针灸器械等由中方无偿提供,并由中国医疗队直接保管使用;塞内加尔人员将学习操作这些器械。

目前,中国企业未在塞内加尔投资开发经贸合作区和工业园区。中国与塞内加尔尚未签署产能合作协议。双方也尚未签署自由贸易协定。

中塞服务贸易大事记见表 8-2。

表 8-2 中塞服务贸易大事记

时间	事件	意义
2008 年	中塞签署《特别优惠关税协议》	对塞内加尔部分商品出口至中国给予零关税待遇
2009 年	签订成立双边经贸混委会的协定	为两国政府间经贸事务的沟通与协调提供了平台
2014 年	签订《关于塞内加尔花生输华植物卫生要求议定书》	塞内加尔启动花生对华出口,并迅速成为中国海外最大的花生来源地
2017 年	由塞内加尔政府出资、中国中地海外公司承建的加姆尼亚久工业园竣工	积极推动工业园区建设

五、市场机遇与潜力

塞内加尔社会保持长期稳定,经济快速增长,中资企业和自然人在塞内加尔投资合作机会很多。塞政府提出"塞内加尔振兴计划",以积极吸引外资合作,努力完善外资政策法规,改善营商环境。且中塞友谊稳固,两国经贸关系越来越紧密,鼓励有实力、有意愿的中资企业和个人在中国对非洲"十大合作计划"和"一带一路"倡议等引领下,到塞内加尔共商合作机遇、共建合作平台、共享合作成果。

(一) 传统医药在塞内加尔具有一定发展优势

塞内加尔属于世界最不发达的国家之一,目前全国处于贫困线以下的人口比例仍超过53%。而中草药的价格低廉、疗效明显,在塞内加尔有明显发展优势。

2001年7月,非洲统一组织第37届常会和非洲经济共同体第5届常会在卢萨卡召开,发表《非洲统一组织将2001—2010年作为非洲传统医学十年的宣言决定》,正式承认非洲传统医学(African Traditional Medicine, ATM)是广大非洲农村人口医疗保健系统中最经济和方便的方式,这是非洲地区国家在加强传统医学方面强有力的政治承诺,使ATM的形象和知名度得到了提升。非洲联盟各国首脑在莫桑比克马普托通过了实施ATM十年的行动计划,内容包括宣传和普及传统医学、制定传统医学政策和法规、保护传统知识等,并签署了《马普托宣言》,决心继续支持该十年行动计划,尤其是在研究治疗艾滋病、结核、疟疾和其他传染病方面。

(二) 塞内加尔发展前景广阔

塞内加尔自然资源丰富,地理位置优越,经济发展潜力巨大、前景广阔。塞内加尔国内运输主要靠公路和铁路,以达喀尔区为中心连接全国各地陆路交通干线。达喀尔还是非洲通往欧洲和美洲的海上交通要道,也是西非重要的航空枢纽。

联合国工业发展组织2007年的全球外资调查显示,60%的外资表示塞内加尔投资环境较好,其中75%的外资赞赏塞内加尔劳工技能较高,77%相信外资将回流到塞内加尔。

投资法规为塞内加尔境内已核定的国外投资提供各种便利条件和优惠,外商投资领域不设限制,并在税收、外汇、用工制度等方面享受优惠。主要优惠措施有:① 投资者可自由汇出本金及利润,对外籍劳工的雇佣没有限制。② 投资计划中必需的机器等设备免进口关税,执行阶段提供税务优惠。③ 对在落后地区开办中小企业、发展新科技和在达喀尔以外地区开办企业的投资者提供优惠税率。④ 80%产品外销的企业,其设备全部免关税及海关印花税,免所得税、贸易执照税、地价税及其他相关的登记印花税等。⑤ 凡投资额达500万非郎、当地雇员在3人以上的外资企业,可享受有关外企的优惠待遇,当地资源利用率达到65%的企业即可免征营业税。

(三)中方与塞内加尔的文化交流密切

2009年9月,中国教育代表团与达喀尔大学签署了关于达喀尔大学建立孔子学院的框架协议。2012年12月,达喀尔大学孔子学院举行揭牌仪式。经过近几年的发展,孔子学院规模不断扩大,教师人数和学生人数都有所增加,在国家汉办和中国驻塞大使馆的支持下,孔子学院以自身为中心开设教学点,开展各项文化活动,影响也越来越大[12]。截至2015年1月,孔子学院共注册学员两百多人。2016年,中塞双方确立全面战略合作伙伴关系。2018年7月,中塞两国元首见证了共建"一带一路"等多项双边合作文件的签署。

六、风险提示

在塞内加尔开展投资、贸易、承包工程和劳务合作的过程中,要特别注意事前调查、分析、评估相关风险,事中做好风险规避和管理工作,切实保障自身利益。相关中医药企业应积极利用保险、担保、银行等保险金融机构和其他专业风险管理机构的相关业务保障自身利益[13]。

(一)基础设施不足

虽然塞政府为吸引外资和改善经商环境做出了许多努力,但目前仍存在一些发展"瓶颈"。如塞内加尔缺乏石油和天然气等自然资源,粮食尚不能自给;集中了全国80%经济活动的首都达喀尔供电和供水存在问题;水、电、煤气食品大幅涨价,增加了外商在塞内加尔的投资成本等。

1. 电力 塞内加尔主要依靠进口燃油火力发电、燃气发电,也有水力发电。热力发电占比82.55%,水力发电占比6%。塞内加尔国家电力公司支出燃料成本占经营总成本的2/3。因设备老化,大部分电厂发电量远低于装机发电量。因此为缓解供电危机,塞内加尔国家电力公司还大量租用发电机组,且租赁机组容量比重可观。

塞内加尔首都达喀尔区域通电率为97.64%,其他城镇通电率为90.93%;农村通电率仅达39%。截至2016年底,塞平均电价10 689西非法郎/度,远高于周边国家。

2. 公路　截至2020年,塞内加尔全国公路长度约17 669千米,其中仅6 317千米铺设柏油。其余均为土路,约82%柏油路和55%土路处于良好状态。

3. 铁路　塞内加尔铁路距今已有131年历史。目前,塞内加尔铁路总长1 300千米,主干线总长905千米。从塞内加尔首都达喀尔至马里首都巴马科的铁路线长1 287千米,在塞内加尔境内长646千米,年运送货物达42万吨。该铁路线为窄轨,年久失修,运力不能满足需求,安全事故时有发生。2018年1月,塞内加尔基础设施、陆路交通及改善区域交通部提出了塞马铁路现代化三阶段新方案,先对既有窄轨线路进行修复,后新建标准轨铁路。

(二) 部分城市和地区社会治安相对不佳

塞内加尔政局总体稳定,爆发内战和对外战争的可能性小。塞与周边邻国关系尚可,社会治安情况相对良好。但局部的小规模冲突和动荡不可避免,尤其是塞内加尔南部的卡萨芒斯地区叛乱活动尚未平息,目前仍不安全。卡萨芒斯与冈比亚和几内亚比绍毗邻,武装抢劫事件时有发生。达喀尔中国商人聚集区百年大街附近偶发入室盗窃、抢劫案。犯罪分子多采用尾随、入室等手段,作案时间多为晚上。此外,针对中国公民的室外偷窃和抢劫事件时有发生。2015年6月,达喀尔市中心的彼得森市场因市政拆迁发生警民冲突,引发骚乱,大量商铺被烧,不少中国商铺也被殃及。2017年,中国公民在首都百年大街、海边及内陆城市公路边遭遇多起被暴力持枪抢劫事件,部分公民受到人身伤害。2018年上半年,因修宪和大学生生活补贴不到位等因素,首都及部分城市发生两起骚乱,持续数日,警车和路过车辆被砸。赴塞内加尔的中国公民须加强安全防范意识,尽量避免夜晚单独外出和单独前往偏远城市。

(三) 注意习俗禁忌

塞内加尔的传统文化深受非洲和伊斯兰文化的影响,大多数教徒忌吃猪肉,忌讳使用猪皮和猪内脏做的日用品,还忌讳谈论有关猪的事情。他们还尊奉在公共场合禁止饮酒的伊斯兰教教规。需要注意的是,在塞内加尔,应避免在公共场合过于直接或者过于激烈地争论问题,这被视为不礼貌的行为。

七、案例分析

（一）中国援助塞内加尔医疗队

【所在地区】 塞内加尔达喀尔市。

【案例概述】 第17批中国援助塞内加尔医疗队共13人在达喀尔郊区的比基纳医院工作，于2019年3月13日上午向比基纳医院捐赠了一批价值63.4万元人民币（折合5 300多万西非法郎）的药械，涉及眼科、针灸科、骨科、外科、耳鼻喉科、手术室、辅助科室等所需近350种药品、器械和耗材[14]。

此次药械捐赠进一步充实了该院的药械存储量，有助于提高医院医疗技术水平。比基纳医院院长对中国医疗队各位专家对比基纳医院的发展所作的贡献表示高度赞赏，希望此次捐赠的药械能充分发挥作用，进一步满足塞方民众看病就医需求。中方将继续支持并帮助塞内加尔的医疗卫生事业发展。

（二）贾姆尼亚贾儿童医院

【所在地区】 塞内加尔贾姆尼亚贾新区。

【案例概述】 在"一带一路"框架下，在中国政府援塞儿童医院的基础上扩建的塞内加尔妇幼医院于2018年8月开工，2019年底竣工验收，和儿童医院在一个大院内。医院共分3层，总建筑面积3 720平方米，设有84张病床和3间手术室。

新冠疫情期间，为了缓解达喀尔市中心新冠病例定点收治医院的压力，贾姆尼亚贾儿童医院于2020年3月初被塞内加尔卫生部确定为新冠定点收治医院，被紧急启用。同年6月，江苏省建筑工程集团有限公司援塞内加尔儿童医院第三期技术援助项目组向该医院捐赠了包括普通医用口罩、防护服、护目镜等在内的一批防疫物资，以及儿童医院紧缺的一批医疗设备，例如生物显微镜、三道心电图机、床边监护仪、电子血压计等，并组织技术援助小组在技术和管理上支持该医院在疫情期间正常运转。

中资企业踊跃捐款捐物,用实际行动诠释了中国努力构建人类命运共同体的大国道义,让塞内加尔人民体会到来自中国的真诚相助,为中塞两国民心相通作出了贡献。

(三) 中国眼科医疗队在塞内加尔开展"光明行"眼科义诊活动

【所在地区】 塞内加尔达喀尔市。

【案例概述】 2018 中国援塞内加尔"光明行"项目专家组在达喀尔市比基纳医院共实施了 223 例白内障超声乳化手术[15]。

八、结论与建议

中塞间联系、合作愈发深入,塞内加尔人民对传统医药接受率高,国家传统医药法规仍不完善,双方有望未来在传统医药方面加深交流合作,具体建议如下:

(一) 尊重当地宗教信仰

塞内加尔约 95% 的居民信奉伊斯兰教,伊斯兰教对当地人民生活影响深远,需谨防因动物类中药及酒类与当地伊斯兰教教徒信仰产生矛盾。

(二) 依法保护生态环境

塞内加尔政府重视环境保护,出台了一系列环保法规。中医药相关企业在塞内加尔从事经贸投资合作,要严格遵守当地的环保规定。当地的中医药企业对于生产经营中可能产生的废气废水和其他环保影响,要事先进行科学评估,在规划设计中选好解决方案。此外,要根据塞内加尔环保部门的要求,制订有效的环保规划,并切实加以执行。

(三)发挥中医学优势

中医药企业在塞内加尔投资时宜将中国文化同塞人民日常生活及生产活动有机结合起来,主动介绍中塞文化差异,以便塞人民更好地了解中医药企业的理念和目的。至2018年,中国企业未在塞内加尔投资开发经贸合作区。塞内加尔所在的非洲传统医学历史悠久,是大部分非洲人口卫生保健的主要手段,70%～80%的非洲人使用传统医学治疗传染病。同为传统医学的中医学以其成本低、疗效高而闻名于世。塞内加尔"安达卫生"(Enda-Santé)国际民间组织主席在接受中国记者采访时表示,塞内加尔渴望借鉴中国在草药研究和利用方面的丰富经验。中方医药企业可以借此机会,以企业投资、政府主导的形式,在塞内加尔首都达喀尔合作建立中塞传统医学交流中心,为日后在塞推动中医药事业发展和中医医师执业认证、药品准入奠定基础。

(田嘉禾)

参考文献

[1] 龙辉平.华夏公司塞内加尔电信建设项目风险管理研究[D].长沙:湖南大学,2018.

[2] 外交部.中国同塞内加尔的关系[EB/OL].http://switzerlandemb.fmprc.gov.cn/web/gjhdq_676201/gj_676203/fz_677316/1206_678404/sbgx_678408/.

[3] Assane Ndiaye.浅析中塞经贸关系[J].科技致富向导,2010(9Z):2.

[4] Secrétariat du Comité Technique de l'Élaboration. Plan Stratégique National de la Recherche pour la Santé[R]. Senegal: Ministère de la Santé et de l'Action sociale Direction de la Planification, de la Recherche et des Statistiques Division de la Recherche, 2020.

[5] 范桂高,陆宁.塞内加尔公立和私立医疗机构的效率分析[J].国外医学:卫生经济分册,1997(4):187-191.

[6] 对外投资合作国别(地区)指南编制办公室.对外投资合作国别(地区)指南——塞内加尔(2021年版)[R].中国:中国驻塞内加尔大使馆经济商务处商务部对外投资和经济合作司,2021.

[7] 塞内加尔希望与中国合作开发草药[J].中成药,2006(6):925.

[8] relative à l'exercice de la médecine et à l'Ordre des médecins[S]. Senegal: Ministère de la santé et de l'action sociale du Sénégal, 1966-07-04.

[9] 王媛,罗令泽,李玉姗,等."一带一路"倡议对塞内加尔经济发展促进作用的研究[J].中国商论,2022(5):70-73.

[10] 海关统计数据在线查询平台.海关统计数据在线查询[EB/OL].http://43.248.49.97/.

[11] 驻塞内加尔使馆经商处.中塞双方签署向塞内加尔派遣医疗队的议定书[EB/OL].http://senegal.mofcom.gov.cn/article/c/201906/20190602875510.shtml.

[12] 苏静.塞内加尔达喀尔大学孔子学院汉语教学现状调查报告[D].沈阳:沈阳师范大学,2015.

[13] 李璐.到澳大利亚投资去[J].进出口经理人,2011(3):29-30.

[14] 驻塞内加尔使馆经商处.中国援助塞内加尔药械捐赠仪式在达喀尔举行[EB/OL].http://senegal.mofcom.gov.cn/article/c/201908/20190802892777.shtml.

[15] 驻塞内加尔使馆经商处.援塞内加尔"光明行"活动启动[EB/OL].http://senegal.mofcom.gov.cn/article/c/201811/20181102807510.shtml.

第九章 突尼斯共和国

非·洲·卷
中医药海外发展国别研究

一、政治与经济环境

(一) 基本国情

突尼斯共和国(The republic of Tunisia,以下简称"突尼斯"),于1956年独立,是一个主权国家。根据2023年人口统计约有1 224万人,人口密度为76人/平方千米[1],世界排名第79名。突尼斯位于北纬30°至37°,西部与西北部接壤阿尔及利亚,东南部与利比亚为邻。突尼斯国土面积16.2万平方千米,划分为24个省。突尼斯首都——突尼斯市(Tunis)坐落于突尼斯的东北部区域临地中海南岸的突尼斯湾,是突尼斯共和国最大的城市,其市郊面积达1 500平方千米,市辖人口达225万。突尼斯人口中90%以上是阿拉伯人,其余的人口据统计基本为柏柏尔人[1]。阿拉伯语作为突尼斯的官方语言被广泛运用,同时英语和法语在少数人群中也可以被作为通用语言;伊斯兰教为突尼斯国教,主要是逊尼派,少数人信奉天主教、犹太教。

(二) 政治环境

1. **政治制度** 1959年6月1日,第一部宪法由突尼斯的制宪议会通过,象征着突尼斯正式成为了一个自由、独立的主权国家。突尼斯实行总统制,总统为国家元首和武装部队总司令,任期为五年,可连任一届。现任总统为凯斯·赛义德(Kais Saied)。突尼斯司法系统最高机构是最高司法委员会,突尼斯的宪法规定了总统担任委员会主席一职,司法部长则担任副主席。该委员会拥有对法官调动、晋升、任命和纪律处分的权力,总统根据委员会的建议任命法官。每省设有1个一审法院。每个法院下辖若干个刑事、民事法庭。虽然突尼斯并没有设立独立的检察院,但在每个法院中均设有检察机构,并且在司法和人权部内设检察机构。突尼斯于1981年4月开始实行多党制,目前,共有200余个合法政党,其主要政党是:人民运动党、复兴运动党、突尼斯之心党、民主潮流党、自由宪政党、祝福突尼斯党、呼声党[2]。

2. **外交特点** 目前,突尼斯已经和世界上144个国家建立了外交关系[3]。突尼斯外交政策注重温和、务实、平衡。突尼斯坚持外交为经济建设和提升突尼斯国际地位服务,致力于多元外交。突尼斯重点与欧盟国家建立良好的外交关系,其中法国为其外交重点对象。同时,突尼斯加强与阿拉伯的经济合作,积极推动马格里布联盟和地中海联盟建设。不仅如此,突尼斯也注重提升同亚洲国家的良好外交关系,以中、日、韩为重点。突尼斯与法国关系深厚,两个国家的经济合作关系也相对密切。在外贸和外资方面,其与法国的经济合作居首位,同时法国也作为突尼斯旅游业的主要客源国。突尼斯是人均接受法国对外援助最多的国家,法每年向突提供约1亿欧元的援贷款,同时也是突尼斯军事装备主要来源国之一。中突自建交以来,两国关系发展平稳,政治友好不断加深,交流也逐渐频繁。突尼斯在处理与周边国家的关系时,坚持相互尊重国家主权、友好和睦,倡导通过谈判解决国家间分歧、互不干涉内政。

3. **中突关系** 中国和突尼斯早在1964年1月就进行了建交[4]。20世纪70年代,不少国家与中国建立起了外交关系,随即突尼斯的政局也发生了变化,中突双边关系开始正向发展,而中国也重新开放驻突尼斯的大使馆。2017年2月16日,突尼斯单方面允许中国公民持普通护照免签证入境突尼斯90日,目前突尼斯公民前往中国仍需提前办理签证[1]。2023年2月22日,突尼斯政府进一步明确中国公民持因私护照入境签证政策,对10人以上中国公民团体游客免签;对经突中转赴利比亚等部分非洲国家的中国游客、专家、商务和技术人员,可在突边境口岸申办停留期为1~2日的过境签证,需提供身份证明(任职证明);10人及以下团体游客、散客或因其他目的赴突人员须提前向突驻当地使领馆申办签证。

(三) 经济环境

1. **经济概况** 突尼斯作为发展中国家之一,采用市场经济作为本国经济体制。其流通货币为第纳尔(Dinar),对美元汇率约为3.15∶1。突尼斯世界经济地位中等,2021年GDP约为466.87亿美元[5],人均3 807美元,世界排名第93位。突尼斯前三大贸易伙伴国分别是法国、意大利和德国,其中对中国贸易占突尼斯总出口量的1.6%、总进口量的8.67%。突尼斯提倡贸易自由化政策,自由出口的商品的份额很高,占到了出口总额的95%,在进口方面,其总额的85%来自自由商品的进口。近年来突尼斯对外贸易情况见表9-1[2]。

表9-1 2014—2020年突尼斯对外贸易情况（单位：亿美元）

年份 项目	2014	2015	2016	2017	2018	2019	2020
出口	146.3	276	135.7	142.2	152	166	137
进口	216.7	396	184	196	202	216	165
差额	-70.4	-120	-48.3	-53.8	-50	-50	-28

2. **主要产业** 突尼斯的主要产业是以石油开采和磷酸盐为原料的化工业。纺织业排在轻工业第一位，2022年占全部工业的33%，产值达到了61.4亿第纳尔。旅游业的不断发展与强大让其在突尼斯经济收入的地位日渐提升，已然成为突尼斯外汇的第一大来源。突尼斯作为生产橄榄油的大国之一，橄榄油的产量占到了世界橄榄油总产量的4%~9%，橄榄油也成为其主要的出口农产品，带来了许多外汇。突尼斯主要出口产品是机械、矿产、纺织品、磷酸盐及其衍生产品、电子工业品、橄榄油等。2020年，电线电缆制造仍然是突尼斯的主要出口产业（占出口总额的9.69%）[3]。

3. **对华贸易** 中国与突尼斯的双边贸易始于20世纪50年代中期，双方第一个双边贸易协定于1958年9月签订。2005年以来，两国双边贸易不断扩大。目前，中国为突尼斯十大贸易国之一。中国与突尼斯中医药贸易中较为重要的领域为医疗旅游产业。突尼斯2010年的医疗旅游收入高达3.89亿美元，占该国当年GDP的0.5%，占旅游出口收入的15%。其中，2.05亿美元来自医疗服务相关行业，为突尼斯创造了约37 000个就业岗位[6]。根据中国商务部统计，2020年，中国与突尼斯进出口总额达到了16.49亿美元。其中，中国对突尼斯出口14.3亿美元，以挖掘设备为主；自突进口2.19亿美元，以广播设备为主（表9-2、图9-1）。

表9-2 中突服务贸易大事记

时间	事件	意义
1964年1月10日	中突正式建立外交关系	中突合作交流正式开始
1984年10月23日	中国政府和突尼斯政府在北京签订经济技术合作协定	中国与突尼斯经济合作正式展开
2015年12月9日	突尼斯时任总统埃塞卜西赴比塞大省出席由中国水利电力对外公司承建的默拉水坝竣工仪式	中突双方合作由技术援助延伸至服务贸易

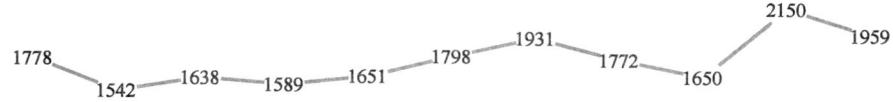

图 9-1 2012—2022年中突贸易总额（单位：百万美元）

二、医疗健康保障体系现状

（一）基本情况

自独立以来，突尼斯医疗服务系统由突尼斯卫生部进行主管，主要分为公共卫生机构、地区医院、基础保健中心、国防部、内政部下属机构以及私企公司医疗机构。突尼斯全境有22所公共医疗机构，2 028个初级保健中心，156所地区医院，586个基础保健中心，18个国防部、内政部下属医疗机构，私立医疗场所8 237家，药店药房2 037家[7]。

（二）医疗管理机构

突尼斯卫生部监督突尼斯的公共卫生保健系统。国家药物管制实验室负责监督药物的质量控制。当发现药物有任何不良影响时，国家药物警戒中心将负责进行法律跟进。突尼斯中央药房的任务是保证对本国所拥有进口垄断权的产品的正常供应，并向各公共卫生机构分发人类和兽医所需的产品和用品。药房和药品管理局（DPM）是公共卫生部的一个技术行政单位。它管理与药房、药品和相关活动有关的所有行政事务，包括协调国家药品质量保证体系的活动，对药店销售的药品、医疗器械和化妆品的进口进行技术控制等。

(三) 医疗机构

1. 公立医疗机构 突尼斯平均为4 822名居民提供1个一级保健中心，由地方保健小组协调管理。初级保健设施的床位总数为2 650张，约占公共部门床位总数的15.6%。初级保健这一级别有1 559名全科医生、10 365名辅助医务人员、223名牙医和91名药剂师。二级医院由地区医院提供这一级别的医疗服务。它们一般位于各省的首府城市，共有5 750张床位和约600名专科医师。

2. 私立医疗机构 20世纪80年代初期，医院的医生获准开办私人诊所，这导致了私人诊所的首次兴起。私人医院设有床位1 800张，卫生站共计1 050个。

(四) 医疗社会保障情况

1. 国民社区医疗保险 突尼斯的公共医疗系统由全国公民保险组织（Caisse Nationale d'Assurance Maladie）进行税收征管[11]，可为大多数人口提供医疗服务，包括提供初级保健的保健中心、地区和区域医院以及大学医院。其医疗标准与欧洲相当。医疗保障制度分为义务基础制和非强制性补充制。义务基础制要求突尼斯本国就业人员按工资的6.75%（雇主承担4%，雇员承担2.75%）、退休人员需要按照退休金的4%缴纳医疗保险至全国医保基金，患者若前往医院看病治疗，其需要承担的医药费部分一般不超过总价的20%。已有74%的突尼斯居民享受了国家的医疗保险，其中8%的居民持有免费医疗证[7]。

2. 商业保险 突尼斯卫生商业保险来源多样。家庭是医疗保健最重要的资金来源（49.4%），其次是国家财政收入（26.6%）和私人保险（24%）。尽管存在私人和非营利保险公司，但它们在总体支出中所占比例微不足道。

三、传统医药的法律与政策环境

当地民众有使用中医药情况，但是没有具体的官方统计的突尼斯民众使用针灸、草药、传统中医等中医疗法的数据。

（一）医师执业

针灸、脊椎指压疗法、草药、顺势疗法和整骨疗法从业者的管理在突尼斯市或县级的层面实施。执业则需要国家政府颁发的执照或证书。

突尼斯也将家庭医学作为一个专业，家庭医学硕士需要参加6年医学院学习和2年家庭医学硕士培训。只有索萨大学提供这种培训，每年毕业生数量不详。中医药方面，1994年突尼斯卫生部将针灸作为西医的一个科别纳入医疗保险。虽然突尼斯允许西医医生学习针灸后进行针灸临床活动，但是政府官方并不承认中国的中医学历。

（二）药品准入

任何出口到突尼斯的药品需要遵守1985年11月22日第85-91号参考法案，其同时规定了药品的良好生产规范要求、质量控制、包装、标签、商品名称。鉴于对当地中药的来源限制，中医药的传播内容主要是针灸[8]。突尼斯对草药的规定与传统药品的规定相同，草药分为处方药和非处方药，突尼斯根据欧洲、美国、英国的药典制定了本国药典，但是药典不具有法律约束力，其所用的草药专著也不具有法律约束力。草药的药品生产质量管理规范由1990年第90-1400号法令确定，与其他注册药品相同。合规机制包括由当局在制造厂或实验室进行定期检查，要求制造商将其药品样品提交给政府批准的实验室进行测试，以及要求制造商指派一名人员负责确保遵守制造要求并向政府报告。草药安全性评估的监管要求与常规药物相同。突尼斯目前正在修订关于草药注册制度的条例。同时，正在制定管理膳食补充剂在当地生产和销售的条例[9]。

（三）传统医药教育

突尼斯传统医药教育由大学提供，如药学、医学博士课程中均有相关传统医学内容。中医教育在大学一级提供，如药学博士。1991年中国政府在突尼斯首都援建一所针灸中心，开展临床与教学工作。1994年突尼斯卫生部决定在突尼斯医学院开设针灸学习班。2022年浙江中医药大学与突尼斯中央大学决定共建浙江中医药大学突尼斯分校。

（四）保险覆盖

突尼斯的法定社会保险计划以各种形式存在，养老金和其他福利的缴费社会保险通过两项计划执行——国家退休基金和社会保险基金(CNRPS)、国家社会保障基金(CNSS)。非突尼斯本国公民不纳入突尼斯的医疗保险体系，但可投保一些商业保险公司的医疗保险。私人保险方面可由安联保险和信诺提供。安联保险是欧洲最大的金融集团，也是全球最大的保险和资产管理集团之一。美国医疗保健公司信诺可以提供各类保险和其他的一些医疗服务。该公司旗下有多家分公司，负责不同业务，例如信诺环球人寿保险及信诺环球保险等。

（五）医药投资

突尼斯并不允许中药销售，故中药方面投资信息较为缺失。

医院建设方面，1991年，中国协助马尔萨医院(Hôpital de Marsa)建立针灸中心[10]，1994年针灸中心竣工，这是阿拉伯世界和非洲大陆的第一个针灸中心，主要开展临床与教学工作[11]。多年来，针灸中心诊治了多种病症，如梅尼埃病、失眠、急性扁桃体炎、口腔溃疡、结肠炎、便秘、麦粒肿、面肌痉挛、偏头痛、肩周炎、坐骨神经痛、月经不调、更年期综合征、神经性膀胱功能失调等。

四、中医药服务贸易双边合作现状

（一）传统医药交流历程

中国从1973年开始向突尼斯派遣援助医疗队，至2024年已派出28批，累计派遣医疗队员1 000余人。1973年，根据两国政府签订的协议，中国援突尼斯医疗队正式组建,有内科、外科、妇科、儿科、针灸医生,援助的医院有 Jendouba 医院、Kairouan 医院、SidiBouzid 医院[4]。第 27 批援突尼斯医疗队于 2022 年 12 月到任,见表 9-3[12]。

表 9-3 第 27 批中国援突尼斯医疗队基本情况

队伍名称	支援地点	人数	专业科室
总队和马尔萨针灸分队	突尼斯市	8	针灸科
让都巴分队	让都巴市	11	心内科、针灸科、放射科、儿科、眼科、妇产科、皮肤科、消化科
西迪分队	西迪布基德市	11	眼科、麻醉科、心内科、皮肤科、普外科、儿科、放射科、针灸科
梅德宁分队	梅德宁市	14	麻醉科、放射科、普外科、妇产科、泌尿外科、针灸科
加夫萨分队	加夫萨市	7	妇产科、儿科、麻醉科、放射科

(二) 境外消费

由于私人诊所的崛起,前往境外接受医疗服务的人少。因此,缺少此方面资料。

(三) 跨境交付

近年来,突尼斯通讯业发展迅速,是其最具活力的行业之一。2016 年 4 月起,突尼斯三大电信运营商正式启动 4G 技术。自 2010 年以来,突尼斯电子商务交易网站有了一定发展,每年以 4%的幅度递增。目前,突尼斯年度网络交易可达 30 万笔。政府有关部门正在考虑制定相关法律,以更好地规范突尼斯网络交易,促进其发展。但是由于突尼斯政府不承认中国的中医学历,不允许中药在突尼斯销售,因此中医药产业合作还较为欠缺。

(四) 商业存在

1994 年,中国援助突尼斯建设的首个针灸中心正式竣工,此中心设在马尔萨医院[13],由 4 个中国医学专家担负临床医疗和培训任务,每日接待约 50 个患者。另外突尼斯的蒙吉·斯利姆医院设有针灸科,其神经病学家曼内尔·本·希米德内(Manel ben Hmidene)曾在中国艾灸技术的讲座上表示:"针灸是治疗某些痛苦疾病的替代疗法,对患者没有不良影响。"

(五)自然人流动

目前主要是中国面向突尼斯提供中医技术培训,大致分为两种形式:一是接收来自突尼斯的医生,对其进行中医药医疗技术培训后,将中医药医疗技术带回突尼斯;二是中国医生前往突尼斯进行中医药医疗技术分享。例如,2019年12月27日,在突尼斯蒙吉·斯利姆医院,十多名突尼斯不同专业的医生聆听了中国专家带来的中国艾灸技术的讲座。此外,中国医疗援助队在突尼斯开展中医医疗服务。

自2006年以来,中国接纳了700多名来自突尼斯的技术人员和政府工作人员参加各类培训,此举有效地加深了双方的信任和相互了解,为进一步加深中突经济合作创造了良好的氛围。

五、市场机遇与潜力

(一)中突双方友谊深厚

中国与突尼斯于1964年正式建立外交关系,几十年来两国关系得到不断发展,中国已成为突尼斯重要的经济、贸易与投资合作伙伴。随着"一带一路"建设的持续推进和突尼斯国内政治安全局势恢复稳定,中突关系近年来在各个领域都取得了快速发展。中国时任国务委员兼外长王毅2016年对突尼斯进行访问、突尼斯时任外长杰希纳维2017年和2018年对中国进行访问,以及2018年9月突尼斯时任总理优素福·沙赫德出席中非合作论坛北京峰会等,密切的高层互访和商务交流进一步增进了中突关系。

赴突的中国游客数量近年来大幅增加,由2016年的8 000人攀升至2018年的3万人。中突两国间学术和科学交流也硕果累累,近年来,两国互换留学生的人数持续上升。两国科学家2018年在突尼斯南部10处遗址进行的联合科考活动也取得了巨大成功。

中国企业也积极展开了和突尼斯的合作。奇瑞等一些中国汽车企业已在突设厂,中国的"北斗导航系统"也于2019年3月在突尼斯进行了其在非洲和阿拉伯国家的首个农业领域试验。

(二)双边互通优势突出

突尼斯是中国在非洲的传统友好国家和重要合作伙伴[14]。在中突尚未建交时,中国就已经开始向突尼斯提供经济援助,其中最为著名的是麦热尔德-崩角水渠工程。周恩来访非时,曾提出中国对外经济援助的八项原则。为贯彻这些原则,中国通过研究突尼斯北方水利建设的实际需要,并结合中国的经济、技术能力,决定充分利用中国政府提供的长期无息经援贷款,通过两国通力友好合作,帮助突尼斯建设麦热尔德-崩角水渠工程,实现了突尼斯国民"西水东调"的愿望。1972年和1977年,中国政府对突尼斯提供了两笔贷款,其额度高达1.1亿人民币。其间中国183个单位先后选派了1 302名优秀工程技术人员到突尼斯参与施工,在中国对外援助史上也是规模较大的一次。麦热尔德-崩角水渠的建成受到突尼斯各界的一致好评,被誉为"中突友谊渠"和"南南合作"的典范。此外,中国还在突尼斯援建了其他一系列项目,如突尼斯青年文化体育中心在1994年建成,突尼斯国家档案馆于1997年建成,1998年突尼斯市内天然气管道铺设工程完工等。此举增强了突尼斯国民对中国的信任,增强了两国的友好关系,其影响非常深远[15]。

六、风 险 提 示

(一)缺少中草药相关法律

突尼斯至今没有明确的中医药相关法律法规,不同地区中医药发展情况及政策管理均有所不同。突尼斯针对传统医药的国家政策法规非常有限,且当地不允许销售中草药,这直接影响中医师的处方用药,而在中医诊疗中,中草药的运用非常重要。法律法规的不足阻碍了中医药的发展[16]。

(二)经济环境不稳定,货币贬值现象存在

突尼斯整体经济势头较好,但受本地货币贬值、当地市场容量小、行政腐败等因素影响,经济情况不稳定。且突尼斯区域经济差异显著,当地人口与经济活动主要集中在东北部的突尼斯市和中东部的斯法克斯等沿海区域,而中西部的经济非常落后,失业率较东部沿海地区高。突尼斯数据统计协会数据显示,突尼斯约有15.5%(约150万)的民众生活在贫困线以下,其中约有4.6%的民众为赤贫人口。贫富分化严重,给当地社会带来了很大的不稳定性。这直接导致了中医药相关企业对进入突尼斯市场产生顾虑,延缓中医药在当地的发展。

(三)宗教文化禁忌

在突尼斯宣传中医药或开展中医诊疗活动时应尊重当地宗教和文化,在诊疗方案中不可出现非清真药材或成分,应使用其他不违背当地宗教文化的替代药,尽量做到因地制宜,若确实无法避免使用非清真药物成分,则须明显标记,进行提示与警告。

七、案例分析

(一)马尔萨蒙杰·斯利姆医院

【**所在地区**】 突尼斯首都突尼斯市。

【**案例概述**】 此医院拥有非洲甚至是阿拉伯国家中首个也是最大的针灸中心,每日有50名左右患者接受针灸治疗,由4个中国医学专家负责临床医疗和培训任务。针灸专家陈余建曾经担任中国援助突尼斯医疗队针灸分队队长,在马尔萨医院针灸中心开展相关医疗服务。马尔萨医院已经成功培育了70多名针灸科医生,这些

医生援助了各地区的医学教学单位和临床医院。由此可见,针灸在突尼斯,包括周边国家都具有非常大的影响力[17]。

马尔萨医院是突尼斯最高级的医院,是突尼斯医学院教学医院,主要承担医疗和教学双重任务。据患者反映,很多人都乐意接受针灸治疗。其中一个坐骨神经痛患者,用很多方法都没有缓解疼痛,经人介绍到该中心经过中国针灸专家的针灸治疗,2次已经产生了疗效。以上举措不仅有利于中医药在突发展获得话语权,也为中医在突尼斯立足争得一席之地。但是突尼斯对于中药的来源控制较为严格,需努力打开突尼斯中药市场。

(二)斯法克斯医院

【所在地区】 突尼斯南部斯法克斯市。

【案例概述】 该院在"一带一路"倡议框架下建立,是牢固的中突友谊的最好例证之一。斯法克斯医院使大约300万突尼斯南部的居民能够获得急需的医疗服务。贝希赫代理卫生部长高度肯定斯法克斯医院项目,强调扩建之后,医院的功能设置进一步健全,接待能力得到大大提升,更好地惠及斯法克斯和其他突尼斯南部省市及部分利比亚居民[18]。

斯法克斯医院系中方援突工程中体量最大、工期最长的项目。应突方请求,中方考虑对医院进行扩建并开展相关可行性研究。该医院被打造成中突友好医院,并成为体现中突友好关系的又一精品工程。

(三)中国第24批援助突尼斯医疗队海外"战"疫

【所在地区】 突尼斯坚杜拜市。

【案例概述】 突尼斯于2020年3月3日出现首例确诊感染新型冠状病毒病例,中国派出的第24批援助突尼斯医疗队努力奋斗在抗疫一线,为国际社会共同抗击疫情作出持续贡献[19]。

在新冠疫情期间,中国援助突尼斯医疗队针对疫情和突尼斯国家的特殊性,在中国驻突尼斯大使馆召开了新冠病毒感染疫情防控工作会议,并结合突尼斯当地情况多次开展疫情防控讲座,向突尼斯民众普及防疫相关知识,指导在突华人做好疫情防护。

八、结论与建议

中国与突尼斯建交早、关系好,针灸在当地接受度较高,虽然突尼斯政府对中药把控严格,但中药在当地的发展还有较大的提升空间。基于前述分析,提出中医药在突尼斯发展的建议。

(一) 以针灸为突破口发展服务贸易

突尼斯贫富差距较大,针灸在当地受众较多且开展成本较低,因此中医企业可在突尼斯中西部贫困地区开设更多针灸诊所,使中国医学投资资源合理分配,将针灸相关服务贸易合作作为中医药在当地开展服务贸易的突破口。在相对富裕的地区以针灸带动中草药市场,在较为贫困的区域以价格相对低廉的针灸提高中医药普及率。同时吸取中国医疗队在突尼斯支援的成功案例与失败经验,以打开中医药在当地的市场[20]。

(二) 争取政策扶持

突尼斯目前仍有较多医疗援助需求,当地人民亦希望本国加强与中国的合作。所以中国与突尼斯可完善针灸相关政策,持续保持双边交流,提高开展服务贸易的可能性。可通过有针对性地宣传相关中医药养生知识,改变当地对中医传统认知的固有思维[21]。

(三) 加强中医药与突尼斯传统医学融合

中医药在突尼斯的传播还需在对接模式上有所创新,可进一步全面发展为地区对地区的"一对一"帮扶模式,由官方主导转向官方与地方医院并举,应注意提高非政府组织在中医药发展事业上的参与率,以增加传播内容与形式的多样性,有助于中医在突尼斯扎根发芽。例如,可尝试以上海中医药大学附属岳阳中西医结合医院对接突尼斯赛义达医院,定期派遣医疗专家或技术人员前往赛义达医院进行中医药技术指导或医疗管理技术传授。在进行医疗管理技术援助的同时,可更多关注中医药文化的传播,以完善当地人民对中医药的认识,从而扩大当地中医药市场,助力培育更多当地中医药人才,吸引更多中医药从业人员,全方位提高中医药技术援助的效率、广度与深度。

(朱嘉辰)

参考文献

[1] Elaboration of data by United Nations, Department of Economic and Social Affairs, Population Division. Population of Tunisia [EB/OL]. https://www.worldometers.info/world-population/tunisia-population/.

[2] European Forum. Tunisia [EB/OL]. https://www.europeanforum.net/countries/tunisia.

[3] 外交部.突尼斯国家概况[EB/OL].https://www.fmprc.gov.cn/web/gjhdq_676201/gj_676203/fz_677316/1206_678598/1206x0_678600/.

[4] 张凤,玲参赞,张麦青,等.对外投资合作国别（地区）指南——突尼斯[Z].突尼斯：中国驻突尼斯使馆经商处,2019.

[5] 快易理财网.突尼斯历年GDP数据[EB/OL].https://www.kylc.com/stats/global/yearly_per_country/g_gdp/tun.html.

[6] 廖成娟.国际医疗服务贸易的发展、影响与启示[J].卫生经济研究,2016(5)：56-59.

[7] Oxford business group. Tunisian health sector to undergo overhaul [EB/OL]. https://oxfordbusinessgroup.com/overview/annual-check-solid-foundation-sector-ready-overhaul.

[8] 代金刚.中医药在突尼斯[J].中医药国际参考,2012(5)：18-20.

[9] Revekka Vital, Common Sense, Greece. Tunisia [J]. WHO global report on traditional and complementary medicine 2019, 2019(5)：114-115.

[10] 张汉钧.突尼斯首都的中国针灸中心[EB/OL].http://www.sohu.com/a/433017442-100020607.

[11] 曾士林,许金水.针灸在突尼斯[J].中国针灸,2013,33(4)：357-359.

[12] 驻突尼斯使馆经商处.中突两国签署医疗合作议定书[EB/OL].http://tn.mofcom.gov.cn/article/jmxw/201902/20190202835905.shtml.

[13] 穆学全.Feature：Tunisian doctors show interest in Chinese acupuncture [EB/OL]. http://www.xinhuanet.com/english/africa/2019-12/29/c_138663844.htm.

[14] Wikipedia. China-Tunisia relations [EB/OL]. https://en.wikipedia.org/wiki/China%E2%80%93Tunisia_relations.

[15] 蒋真,刘海军.中国与突尼斯经贸关系探析[D].陕西：西北大学,2011.

[16] WHO. WHO global report on traditional and complementary medicine 2019 [EB/OL]. http://apps.who.int/iris/handle/10665/312342.

[17] 杨怡.Tunisia expects to localize traditional Chinese medicine [EB/OL]. http://www.xinhuanet.com//english/2017-10/23/c_136699494.htm.

[18] 杨婷.中国与突尼斯签订援建项目扩建文本[EB/OL]. http://m.xinhuanet.com/2019-10/09/c_1125082957.htm.

[19] 何卓艳,边济.China donates medical aid to Tunisia [EB/OL]. http://en.people.cn/n3/2020/0417/c90000-9680626.html.

[20] Hia Khaled. China-Tunisia cooperation stronger than ever [EB/OL]. https://www.globaltimes.cn/content/1188051.shtml.

[21] 顾小军,姜威,张子隽,等.中医药协助海外抗击新型冠状病毒肺炎疫情切入点及策略分析[J].中国中医药图书情报杂志,2020,44(3)：1-4.

非·洲·卷
中医药海外发展国别研究

第十章　南非共和国

一、政治与经济环境

(一) 基本国情

南非共和国(The Republic of South Africa,以下简称"南非"),最早的土著居民是科伊桑人及后来南迁的班图人,科伊桑人内部又分为科伊人和桑人(亦称布须曼人)两个支系。1961年南非退出英联邦,成立南非共和国。1994年重新加入,现在仍是英联邦成员。南非总人口为6 200万(2022年),国土总面积121.9万平方千米,世界排名第225位。其位于非洲的最南端,北面接壤纳米比亚、博茨瓦纳和津巴布韦,东北毗邻莫桑比克和斯威士兰。南非有9个省,首都分别为:开普敦、布隆方丹、比勒陀利亚[1]。语言方面,南非的官方语言有12种,包括阿非利卡语、英语、恩德贝勒语、科萨语、祖鲁语等。各级政府可根据实际选用任何官方语言作为办公用语,英语和阿非利卡语为通用语言。宗教方面,南非宗教信仰呈多元化特征,世界主要宗教在南非均有影响,宗教活动较为普遍。全国人口的79.8%信奉基督教,其他主要宗教是印度教、伊斯兰教、犹太教和佛教,少数人信奉原始宗教[1]。

(二) 政治环境

1. 政治制度 南非是一个宪政民主国家,具有三级政府体制和一个独立的司法机构。其宪法规定,南非实行行政、立法、司法三权分立的制度,中央、省级和地方政府相互依存,各行其权。行政分为中央、省和地方三级。中央政府实行总统内阁制。总统兼任政府首脑,领导内阁工作。内阁由总统、副总统和所有部长组成。总统由国民议会从其议员中选举产生,任期为5年,可连任一次。副总统由总统从国民议会议员中任命,其任期以四种宪法机制之一结束:总统解职,国民议会通过对总统的不信任动议,国民议会通过对总统以外的官员的不信任动议,或新当选的总统就任。南非现任总统为马塔梅拉·西里尔·拉马福萨(Matamela Cyril Ramaphosa),现任副总统为保罗·马沙蒂莱(Paul Mashatile)。议会实行两院制,分为国民议会和全国省级事务委员会(简称省务院),任期均为5年。总统可以任命内阁成员担任国民议会政府事务的负责人。司法体系主要由法院、刑事司法和检察机关三大系统组成。南非实行多党民主制。国民议会现有13个政党。执政党为南非国大领导的"3＋1"执政联盟(包括南非国大、南非共产党、南非工会大会和南非全国公民组织)[2]。

2. **外交特点**　南非奉行独立自主的全方位外交政策,主张在尊重主权、平等互利和互不干涉内政基础上同一切国家保持和发展双边友好关系。南非已同186个国家建立外交关系。其以非洲特别是南部非洲为外交政策的基本立足点和核心关注点,在巩固周边关系基础上倡导"非洲复兴",致力于在非洲事务方面发挥领导作用。

3. **中南关系**　1998年1月1日,中国与南非正式建立外交关系。建交以来,两国关系迅速发展,双方高层交往频繁,各领域合作不断深化和扩大,南非已经成为中国在非洲的重要贸易伙伴。两国成立了高级别国家双边委员会,举行了7次全体会议。双方还确立了平等互利、共同发展的战略伙伴关系,签署了《关于深化战略伙伴关系的合作纲要》《关于建立全面战略伙伴关系的北京宣言》等,建立了战略对话机制,先后举行了11次战略对话。近年来,在中南两国元首的亲自关心和推动下,双方在国际和地区事务上一直保持良好合作。在南非越来越重视发展南南关系的大背景下,中南关系的重要性进一步提升,中国与南非的经贸、政治关系得到进一步实质性发展[3]。

(三) 经济环境

1. **经济状况**　南非是非洲第二大经济体,是G20、金砖国家等重要国际组织成员,是外国投资在非洲地区的首选目的地。其流通货币为兰特(ZAR),对美元汇率约为16.29∶1。南非为中等收入国家,2019年GDP约为351.432亿美元。2008—2018年,政府债务占GDP比重平均水平为40.31%,2019年该比例升至65.6%,创历史新高。亚洲是南非最大的贸易往来地区,2018年约占其贸易总量的38%。根据南非储备银行公布的数据,2017年,英国是南非最大投资来源地,其次是荷兰、比利时、美国、德国。对南非的外国投资主要源于欧美地区。2023年8月商务部例行新闻发布会中提到:中国连续14年成为南非最大贸易伙伴。

受新冠疫情的影响,南非新增约100万失业人口,对外贸易总额同比下降2.6%,进口下降9.2%,出口增长3.1%,兰特对美元汇率短时间内大跌30%,创下19.3兰特/美元的历史新低。2009年起南非政府一直收不抵支。2018年和2019年,南非经济增速逐年下滑,分别为0.8%和0.2%。2020/2021财年,南非预计财政收入15 800

亿兰特,财政支出19 500亿兰特,赤字3 700亿兰特,占GDP比重约6.8%,创28年来新高。

2. **主要产业** 南非主要产业有制造业和矿业。2019年,南非制造业占GDP总额的12.0%,是全球汽车及零件部位制造和进出口的主要国家之一;矿业是南非国民经济的支柱产业之一,占GDP总额的7.1%。其铂金产量全球居首,是全球最大的铂族金属供应商。南非农业较发达,其农林渔业占2019年GDP总额的2.2%,同时是全球第九大羊毛生产国。

3. **对华贸易** 中国连续11年保持南非最大贸易伙伴国地位,南非则连续10年成为中国在非洲第一大贸易伙伴。2006年9月,中国海关总署和南非税务总署签署了《中国和南非海关互助协定》,南非农业部与中国质检总局就柑橘、苹果、玉米、冷冻牛肉、苜蓿草等农产品对华出口签订了相关协议。2021年,中国与南非双边贸易额为543.47亿美元,同比增长50.7%,其中,中方出口211.19亿美元,同比增长38.6%,进口332.28亿美元,同比增长59.6%。中国从南非进口以资源性产品为主,对南非出口以机电设备、纺织品、鞋帽等制成品为主。

表10-1 2014—2021年中南双边贸易总额(单位:亿美元)

项目\年份	2014	2015	2016	2017	2018	2019	2020	2021
总额	602.9	460.4	353.4	391.7	435.5	424.7	358.3	543.47
中出口	157.0	158.6	128.5	148.2	162.5	165.4	152.4	211.19
中进口	445.9	301.8	224.9	243.5	273.0	259.2	205.9	332.28

二、医疗健康保障体系现状

(一) 基本情况

南非医疗卫生系统较为完备,医疗体系分为公立医疗和私立医疗两个系统。南非共有包括中医师在内的20多万传统治疗师,这些传统治疗师都具有合法的营业资格,在南非的传统医药领域占据主导地位。南非传统治疗师使用的是传统的非洲医学,治疗手段包括成人割礼、接生、占卜、草药治疗等。有超过60%的南非人求治于传统治疗师,南非注册的中医师逐年增加。截至2004年,南非私人医院拥有全国60%的医生、70%的药剂师、89%的牙医、77%的专业医生和62%的实习医生。南非约有360个省级公共医院,344家私人医院。

(二)医疗管理机构

南非国家卫生署(DOH)根据2003年全球卫生法案,构建了统一的卫生系统及医疗机构框架。作为南非国家卫生系统的"管理人",卫生部为完成《国家发展计划》第10章的目标、指标和行动作出了贡献,例如减轻疾病负担,加强医疗保健以改善该国国民的生活和寿命;根据2003年《国家卫生法》,授权省级卫生部门提供医疗服务,而国家级部门则负责制定政策,为省级部门提供协调和支持,以及对该部门的监测、评估和监督。

(三)医疗机构

1. **公立医疗机构** 公立医院卫生资源相对不充足,公共部门需为82%的人口提供服务[7]。为改变资源配置不合理的状况,提高卫生服务可及性,南非政府建立了公私合作机制,即一个政府实体和一个私人实体之间形成一种契约性合作关系,其中最常见的2种形式分别为公私部门间卫生人力资源合作及私立医疗机构提供卫生服务[5]。

2. **私立医疗机构** 南非私立医疗机构集中了大部分的卫生资源,然而由于费用高昂,只有不到20%的国民可享受私立医院的卫生服务。南非大部分私立医院都只提供短期住院服务,即大多数患者最多只能住院30日。私立医院往往为三大主要医疗集团所有,这些集团共拥有和可运作超过3/4的私立医院病床和超过80%的私立医院的手术室设施。

(四)医疗社会保障情况

1. **国民健康保险计划** 2019年提交南非国会的《国民健康保险法案》(*NHI Bill*)

颁布,法案将重新配置公共和私人卫生服务的融资方式。该法案的目的是确保所有公民和南非的居民,不论社会经济地位,都有机会获得由公共和私营部门提供的高质量医疗服务。南非《国家发展计划》(DNP)预计,到2030年,将把南非人的预期寿命提高到至少70岁。近年来,南非20岁以下的一代人基本上没有携带艾滋病毒;每千名活产婴儿的死亡人数少于20,其中5岁以下儿童死亡率不足千分之三十;卫生服务提供的公平性、效率和质量发生了重大变化。

南非未建立明确的医疗保险制度,但政府规定,所有公立医院都有义务无偿地为穷人、孤儿、老弱病残提供免费诊治,由卫生部统一结算费用[6]。

2. **商业保险** 南非政府鼓励发展商业保险,商业保险参保人员基本上是高收入群体。南非作为中等收入的国家,并未建立明确的医疗体系,仅提供国民基本医疗卫生服务,对于重大疾病等缺乏保障。南非健康商业保险保障水平较高但服务人群十分有限,这部分人仅占总人口的15%。南非商业保险计划分为收现付制和个人健康积累账户两种运营模式,由非营利机构负责,所收取的保费扣除给保险经纪人的佣金和保险公司管理费后,均要用在投保人的医疗福利上。目前,南非最大的医疗保险公司为Discovery。

三、传统医药的法律与政策环境

南非卫生部下设卫生专业委员会和综合卫生专业委员会,前者负责西医的管理工作,后者负责包括中医、印度医学、欧洲草药等11个医学专业在内的相关管理工作。中医相关的具体工作由该委员会下设的"中医药与印度医学部"负责。

(一)医师执业

南非具有整脊、针灸、顺势疗法、自然疗法、正骨、草药医师执照与相关法案。这些法案都归属于the Allied Health Professions Council of South Africa(AHPCSA)执行,中文名称为"南非健康卫生专业联合委员会"。2000年,南非政府通过法律程序肯定了包括针灸在内的补充替代医学的合法地位。2005年,南非卫生部首次举行中医师永久注册考试。至2014年，南非注册中国医师资格者，合计为178位[12]。

根据AHPCSA规定，执业中医师必须符合如下条件：

（1）申请人必须为南非公民或执有相关有效医师工作证者。

（2）申请人必须有5年本科中医学士学历并且具备健康人格证明或推荐证明书。

（3）申请人必须通过AHPCSA既定的甄试与考核程序。

（4）持有外国学历者，另须经由南非国家学历认证机构South African Qualification Authority(SAQA)出具相关学历资格认定证明书后，即可依法向AHPCSA提出办理执业医师注册申请。

（5）当中医师依据法定程序办理注册完成后，正式成为执业中医师，同时获得正式执业中医师证照与执业权责。执业中医师可依法在全国各地自创私人诊所，或是选择就业。

（二）药品准入

南非自1956年开始制定一系列与传统医药有关或直接针对传统医药的法规，2000年更是直接以立法的形式确立中医的合法地位。2002年2月22日，南非政府发布了为期6个月的中成药注册登记通告，准许其进入南非市场。到2006年，中国已有100多家企业的300多个品种的中成药进行了申请登记，取得合法进入南非补充药物市场的资格[8]。

（三）传统医药教育

南非目前拥有传统医学学校3所，约翰内斯堡大学和德班科技大学可提供整脊疗法和顺势疗法五年制全日制硕士学位。西开普大学可提供中医和针灸、自然疗法、植物疗法和Unani-Tibb三年制基础医学专业学习。目前南非并没有针对阿育吠陀和正骨疗法的认可课程。而治疗性芳香疗法、治疗性按摩疗法和反射疗法目前在各个认可的私立医疗机构中可见。此外，中国从政府、学术组织到医药企业等均以各自的方式积极促进中医药在南非的发展。2006年，《中华人民共和国政府和南非共和国政府公共卫生和医学科学谅解备忘录》签署，其中包括传统医药领域合作的内容。中国政府还提供奖学金资助非洲国家学生来华参加中医药培训教育，截至2012年，约有1 000名南非学生通过奖学金来华攻读中医课程[9]。

(四) 保险覆盖

南非政府于1996年起推行国家药物政策。为了有效地规范药物市场,保障全国基础卫生保健的药物需求,确保药品的可获得性和公平性,南非在现有国家药物政策的框架和基础上,构建了基本药物制度。制度规定基本药物由政府免费提供,主要应用在公立的基层医疗机构,并以《基本药物目录》为准则将住院用药和门诊用药分开进行遴选。该目录每两年更新一次,由卫生部下属的《基本药物目录》委员会完成。基本药物的采购工作由公共部门药品采购联合体在全国统一进行[10]。该机构通过价格谈判和招标的方式确定药品价格并签订合同,然后由省级卫生部门直接向药品供应商购买[11]。基本药物遴选原则是必须符合大多数国民的健康需要;药品的效用必须有充足的科学数据来说明;药品应该有固定的风险效益比[12]。2011年,南非正式将中医纳入医疗体系。中医诊所产生的所有费用,包括诊断、针灸、拔罐、刮痧、推拿、正骨等费用,都可以通过医疗保险支付。

(五) 医药投资

南非化学工业占国内制造业总产值的17%,约占国内生产总值的4%。制药业占南非化学工业的6%。南非药品生产形式包括完全由本地生产、从国外进口原料进行生产或从国外进口大桶原料进行分装等。南非药品的市场供货渠道主要有两个:一是生产商直接向市场供货;二是通过批发商供货。后者更为常见。南非每年约98%的药品原料需从国外进口。南非进口药品的关税很低,是否征收关税以及征收多少还要看进口的药品在南非是否生产。南非目前药品进口的主要国家为英国(16%)、德国(16%)、瑞士(13%)、法国(11%)、美国(11%)。

四、中医药服务贸易双边合作现状

（一）传统医药交流历程

从 300 多年前清朝政府派到南非的 21 名工匠，到 18 世纪末英国雇佣 2 000 多名中国劳工到南非，中医药随着华人移民落居南非。1990 年以前，南非华人诊所总数仅有 40 余家，治疗方式以针灸、推拿、骨伤为多，诊所的规模较小且集中在大城市。1998 年中国与南非正式建立外交关系以来，中医药在南非的发展得到了明显的改善和提高，2000 年南非正式确立了中医药的合法地位。1998 年底，约翰内斯堡开设了第一家综合性中医院"中国中医诊疗院"，并附设中国大药房。

（二）境外消费

以南非民众前往中国学习中医为主。截至目前，有 1 000 多名医学生通过奖学金来华学习。

（三）跨境交付

南非是电子商务发展最快的非洲国家之一，其电子商务具有巨大的潜力。2017 年南非跨境电商进口零售额约为 8.9 亿美元，比 2016 年增长 30.9%。疫情期间，南非最大电商平台 Takealot 的家电销量屡创新高，其中来自中国的家电品牌海信表现亮眼。但南非的传统医药互联网消费较少。

（四）商业存在

目前南非已有合法的中医医院，如中国中医诊疗院，其余还有"中国骨伤诊所""中医针灸诊疗所"等在南非各地营业，都在当地获得较好的口碑。中方还派遣援助医疗队前往当地进行交流、援助。目前南非已有首家中医孔子学院成立,该学院由中国孔子学院总部/国家汉办委托浙江师范大学和浙江中医药大学与南非西开普大学合作设立。

(五) 自然人流动

目前主要形式为中国培养的中医师前往南非提供中医医疗服务,南非目前也有前往中国学习中医的学生/医师。南非政府确立了包括中医针灸在内的补充医疗的合法地位,并且举办中医师永久注册考试。2011年中医医疗正式纳入南非医疗体系。疟疾、结核病等为南非带来了巨大的医疗负担,中医对于这些疾病具有良好的疗效,如运用青蒿素。中医成为南非民众的新选择,也为中医药服务贸易打下了良好的基础。

中南服务贸易大事记见表10-2。

表10-2 中南服务贸易大事记

时间	事件	意义
2006年	《中华人民共和国和南非共和国关于深化战略伙伴关系的合作纲要》签署	进一步拓展和深化两国战略伙伴关系,促进共同发展
2010年	《中华人民共和国和南非共和国关于建立全面战略伙伴关系的北京宣言》签署	将双边关系提升为全面战略伙伴关系
2014年	《中华人民共和国和南非共和国5~10年合作战略规划2015—2024》签署	为中南关系注入新的强劲动力,决定打造成政治互信、经济互利、人文互鉴、安全互助的全面战略伙伴关系

五、市场机遇与潜力

(一) 南非中草药资源丰富

南非是世界上药用植物资源最丰富的国家之一,约有3 000种植物具有药用价值,其中130余种植物广泛应用于传统医学领域。目前,南非可进口中草药药典中记载有近 400 种中草药[14]。部分药材可取于当地、用于当地,且中成药价格较低,易被接受,有助于中医药在南非"大展身手"。

(二)中南贸易前景广阔

目前中医药在南非发展及推广方面都具有一定潜力,但对于药业实体来说,中药制品出口仍不足。中国及部分在南非的药业实体需要加强对中药的推广,提升南非民众对中药的了解,并宣传普及中成药与颗粒中药产品。中国政府可鼓励药业实体在南非建设中药厂,将中药产业本地化、规模化。可在当地设立研发机构,提高当地中药的自主研发水平,一方面可提高民众对于中药产品的接受度,另一方面可从药业专利入手,让中药产品获得法律保护,从而形成标准化与产业化的中药生产体系。

(三)合作开发南非药用植物

南非制药发展水平基本上和中国处在同一水平线上,同时中药还可以在当地合法注册销售。此外,许多南非传统药材在品种和用途上与中药有相似之处。所以,一是可以鼓励中医药企业与当地政府及企业合作,建立中医药产业基地,更好地发展中医药。二是要重视植物药在南非的研究工作,鼓励国内高校、科研机构和企业对南非传统医药的特色药品进行研究。三是要促进中医药标准与非洲支点医药国家标准的互认互通。

六、风 险 提 示

(一)中医药在南非形象欠佳

部分在南非的中药企业规避法律监管,损害中医药产品形象。如宁夏枸杞曾在南非形成一股热潮,但部分在南非的中药企业存在虚假广告及价格战,损害了中药产品的形象,使南非消费者对中药失去了信任。比勒陀利亚警方曾查处一批假药,经当地媒体披露,矛头直指中医。此外,南非国内动物保护意识普遍较强,许多民众拒绝服用含有动物成分的药品。如犀牛角的药用价值高,犀牛的盗猎现象难以遏制,使当地民众对中医药产生反感。总的来说,中南中医药服务贸易机遇和挑战并存,机遇大于挑战。

(二)双方贸易不平衡

两国在贸易上的不平衡主要体现于双方产品的不对等,以及两国商品贸易结构过于单一[15]。自中国与南非建交以来,双方的贸易结构没有发生过根本性的改变。中国对南非出口的商品具有价格优势,在一定程度上给南非本土的市场带来了一定的冲击,南非要保护自身利益,就容易引发双方之间的贸易冲突,加剧贸易争端的形成,引发双方的不满,不利于中国企业走出去,也不利于双方技术层面的交流与改革,进一步给两国贸易深入发展带来负面影响。

(三)产业创新与开拓艰难

中医药产业在南非市场发展存在规模小、市场占有少、研发上市速度慢等问题。20世纪30年代,南非首都约翰内斯堡的唐人街开设了第一家中药房,直到1998年底,南非才有了第一家综合性的中医诊疗院,并有配套的中药房。与中国医药企业在南非开拓市场的进展缓慢相比,印度等国迅速占领了非洲市场,如非洲国家获捐的抗艾滋病病毒药品中,有80%以上来自印度,印度已经成为"发展中国家药房",占据了大量的市场。

七、案例分析

(一)中国北京同仁堂(集团)责任有限公司

【所在地区】 南非约翰内斯堡、比勒陀利亚、开普敦、德班。

【案例概述】 北京同仁堂已在南非约翰内斯堡、比勒陀利亚、开普敦等城市开设五家门店,并拥有博物馆,为当地民众提供正宗的中医产品和服务。最受当地女性欢迎的当属乌鸡白凤丸和调经促孕丸,很多女性服用后怀孕。因当地的饮食习惯问题,民众对治疗糖尿病类的药物需求更大,如六味地黄丸。除了销售中药,同仁堂还有问诊、针灸、推拿等中医项目。同仁堂还与约翰内斯堡大学建立合作关系,成立针灸中心,为南非民众提供医疗服务,共同进行中医药研究,各取所长,为中医药在南非谋求长远发展。

(二)天士力医药集团股份有限公司

【所在地区】 南非约翰内斯堡、德班。

【案例概述】 天士力南非分公司自成立以来定期举办医学健康培训班,此举扩大到天士力在南非约翰内斯堡、德班的各个分支机构,并采取"体验+培训"的方式,助推南非民众了解、接受中医药产品。天士力把中医药文化与南非的具体国情相结合,并把天士力文化融入当地政府所推进的公共卫生事业中,取得广覆盖、高层次的长足进步。

八、结论与建议

(一)大力推进医疗合作

一是中医药在南非发展时要选择重点方面突破。南非政府希望中医在治疗与预防疟疾、艾滋病、肺结核等重大疾病上有所建树。中方应加强与当地医学院校、医院和有关医疗机构的交流合作,共同开展相关科研和临床项目。二是推动建立"中国—南非中医药中心",加快完善中医药教育,并借助社会力量实施各种中医药学习项目,输送优质中医药教育资源及人才到南非进行专业化中医药知识培训。

(二)结合南非的风俗情况发展普及中药产品

由于部分在南非的药业实体损害了中药产品形象,以及部分中药产品含有动物成分,南非民众对此有抵制心理。所以中医药在南非发展时,一是为南非民众增进健康提供新选择,非洲传统草药的取材和制药过程与中医药有许多相似之处。与南非草药产品加工较粗糙、疗法尚未成体系相比,中医药产品和疗法可以为他们提供可信赖的补充,为南非民众通过针灸、拔罐等中医药疗法祛病除疾、增进健康提供了新选择[16];二是以南非中医药团体为载体,对中医药从业者进行文化和法律方面的培训,同时严格审查与南非医药合作的中资企业,严格整顿在南非的中方实体药业,以推动中医药在当地的持续发展;三是进一步宣传针灸疗法之外的中医药文化,为中医药产品及理念正名。

(三) 加强中医信息标准化建设

中医医疗在南非虽已获得合法地位并纳入医疗保险体系,但仍缺乏合理的中医药立法和规范。南非政府规定各种草药制品进入市场需进行申报登记,但部分中药产品被标注为食品或保健品通过非正规渠道进入当地市场,导致无法正规销售与应用。因此中医药需在南非政府认可的基础上,建立规模化、产业化、规范化的发展模式。以疟疾和青蒿素为例,疟疾在南非是排名第一的流行病症,而青蒿素治疗疟疾已收获显著疗效,由中国自主研发的青蒿素类药品可以迅速控制南非疟疾的发病率。中方可从疟疾治疗着手,进而加强针对当地流行性疾病中药的出口与研发,使中医药能够真正帮助到南非民众。

(袁少杰)

参考文献

[1] 中华人民共和国商务部.对外投资合作国别（地区）指南 南非[EB/CD].http://www.mofcom.gov.cn/dl/gbdqzn/upload/nanfei.pdf.

[2] 中华人民共和国商务部.南非指南[EB/CD].http://za.mofcom.gov.cn/aarticle/ztdy/200404/20040400213939.html.

[3] 外交部.中国同南非关系[EB/CD].https://baike.baidu.com/reference/1910574/906bNtLUELkhalDzRSq4OPWtDYxfDmhIKJlZjvU2tueYYBkjBRdkzG6HZY4khvnqf5xphTl8fNBvbtOM0VEmH1sQc_GhRA69ePef1MP6N9uMbOsno7zoNRk_p-sutrPvvElPKvOVy9BSaRvZ2P8gT8BloQ.

[4] 陈瑶,韦潇,谢宇.南非公立医院改革的主要做法与特点[J].中国卫生政策研究,2012,5(8):18-21.

[5] 朱坤,谢宇,尤川梅,等.南非卫生领域公私合作伙伴关系及启示[J].中国卫生政策研究,2009,2(6):57-60.DOI:10.3969/j.issn.1674-2982.2009.06.012.

[6] 赵科颖,叶露,严亚萍.南非国家药物政策分析及对我国的启示[J].卫生软科学,2020,34(01):93-96.

[7] 杨青,郭俊佳,刘密,等.南非中医、针灸立法管理现况[J].中医药导报,2017,23(10):1-2.

[8] 张铌雪,吴国英,梁宁,等.南非中医药发展现状与分析[J].国际中医中药杂志,2021,43(02).

[9] 代金刚.中医药在南非[J].家庭中医药,2012,11(11):21.

[10] 杜飞,徐怀伏.浅谈南非的基本药物政策[J].药学教育,2012(3):4.

[11] 武瑞雪,刘宝,丁敬芳,等.基本药物制度实施的国际经验[J].中国药房,2017,1001-0408(2007)17-1283-03.

[12] 沈倩,张涛,武丽娜,等.金砖五国药物政策比较及对我国启示[J].卫生政策研究,2014,7(10):11-15.

[13] 新浪科技.中医药在南非：更好地为民众健康服务[EB/CD].https://finance.sina.com.cn/tech/2021-03-02/doc-ikftpnnz0484732.shtml.

[14] 搜狐.传统医学|中医药在南非的发展现状及传播策略[EB/CD].http://news.sohu.com/a/586821600_121203020.

[15] 陈沙.中国与南非贸易现状、影响因素及对策分析[D].天津：天津商业大学.2020.

[16] 新浪军事.为南非民众增进健康提供新选择[EB/CD].http://mil.news.sina.com.cn/2018-08-06/doc-ihhhczfc2329246.shtml.